珍藏本
纪念版

汉译世界学术名著丛书

长征记

〔古希腊〕色诺芬 著

崔金戎 译

商务印书馆
SINCE 1897
The Commercial Press

2017年·北京

Xenophon

ANABASIS

With an English Translation by

Carleton L. Brownson

William Heinemann Ltd

本书根据洛布古典丛书布朗森英译本 1968 年版译出

汉译世界学术名著丛书
（120年纪念版·珍藏本）
出 版 说 明

2017年2月11日，商务印书馆迎来120岁的生日。120年前，商务印书馆前贤怀揣文化救国的理想，抱持“昌明教育，开启民智”的使命，立足本土，放眼寰宇，以出版为津梁，沟通中西，为中国、为世界提供最富智慧的思想文化成果。无论世事白云苍狗，潮流左右激荡，甚至战火硝烟弥漫，始终践行学术报国之志，无改初心。

迻译世界各国学术名著，即其一端。早在20世纪初年便出版《原富》《天演论》等影响至今的代表性著作，1950年代后更致力于外国哲学和社会科学经典的译介，及至1980年代，辑为“汉译世界学术名著丛书”，汇涓为流，蔚为大观。丛书自1981年开始出版，历时三十余年，迄今已推出七百种，是我国现代出版史上规模最大、最为重要的学术翻译工程。

丛书所选之书，立场观点不囿于一派，学科领域不限于一门，皆为文明开启以来，各时代、各国家、各民族的思想与文化精粹，代表着人类已经到达过的精神境界。丛书系统译介世界学术经典，引领时代思想，为本土原创学术的发展提供丰富的文化滋养，为推动中国现代学术和现代化进程做出了突出的贡献。

为纪念商务印书馆成立120周年，我们整体推出“汉译世界学术名著丛书”120年纪念版的珍藏本，寄望既利于文化积累，又便于研读查考，同时向长期支持丛书出版的译者、编者和读者致以敬意。

两甲子后的今天，商务印书馆又站在了一个新的历史时间节点上。我们不仅要铭记先辈的身影和足迹，更须让我们的步伐充满新的时代精神。这是商务人代代相传的事业，更是与国家和民族的命运始终紧密相连的事业。我们责无旁贷，必须做好我们这代人的传承与创造，让我们的努力和成果不仅凝聚成民族文化的记忆，还能成为后来人可以接续的事业。唯此，才能不负前贤，无愧来者。

商务印书馆编辑部

2017年10月

汉译本序言

本书作者色诺芬，雅典人，生于埃尔希亚（Erchia）村社的一个富裕之家，父亲名叫格里卢斯（Gryllus）。关于他的生卒年代，现无当时确切记载。据他本人在《长征记》中屡次自称年轻的情况来看，公元前 401 年时他约三十岁，故其生年约在公元前 430 年左右。他所著《雅典的收入》一文，约写于公元前 355 年至 354 年间，故其卒年当在公元前 354 年或以后，而不能更早。斯特拉波（Strabo）在《地理学》（IX，2，7）中写到德琉姆（Delium）地方时，曾顺便说到雅典人在这里打过一仗（公元前 424 年，对方是底比斯人），色诺芬于战争中落马堕地，幸赖苏格拉底之救，得以不死。有人据此推算，色诺芬约生于公元前 444 年，因为他既参加德琉姆战役，当时年龄当不低于二十岁。可是色诺芬本人未曾说这件事。狄奥根尼·拉尔修（Diogenes Laertius）在《著名哲人传》（Ⅱ，48）中谈到了苏格拉底与色诺芬之间的一点早年轶事，但也未说到这件事。斯特拉波所记传闻，在年代上与色诺芬自己的说法出入甚大（如按斯特拉波说，色诺芬参加“长征”时已四十余岁），因此学者们大都已不信此说。

色诺芬早年曾受教于苏格拉底，可能曾在雅典骑兵部队服役。公元前 401—前 400 年，他参加本书所说的“长征”。公元前 399

年，色诺芬离开这一支希腊雇佣军队伍。同年他的老师苏格拉底在雅典被判处死刑。随后雅典也宣布了对色诺芬的放逐令。其理由大概是，色诺芬投靠过小居鲁士，而小居鲁士正是支持斯巴达人在伯罗奔尼撒战争中打败了雅典的人。公元前396年，斯巴达王阿格西劳(Agesilaus)在小亚细亚对波斯作战，色诺芬投身于阿格西劳幕下。公元前394年，色诺芬随阿格西劳回到希腊，在斯巴达与其妻子和两个儿子相会。斯巴达政府在奥林披亚附近的斯奇卢斯(Scillus)地方给了色诺芬一所房屋和一项地产。他自己也以在雇佣军中的积蓄买了一些地产。斯巴达人还把一些战俘送给他做奴隶。色诺芬在这里生活了二十余年，日以著书、狩猎、宴享朋友为事(见狄奥根尼·拉尔修，Ⅱ，52—53)。公元前371年，伊利斯人从斯巴达手中夺回了斯奇卢斯。色诺芬父子逃往科林斯。公元前369年，雅典转而支持斯巴达。色诺芬将两个儿子送回雅典，在雅典骑兵中服役。大约同时，雅典也废除了对色诺芬的放逐令。色诺芬可能不时回雅典去看一看，但一直在科林斯终老。

色诺芬是古代希腊的多产作家之一，著述内容涉及的方面亦广。除本书以外，他的著作主要有《希腊史》(写公元前411年至362年希腊历史，具有偏袒斯巴达的明显倾向)、《师门回忆录》、《苏格拉底的辩护》(记苏格拉底的言行，实多色诺芬的拟作)、《拉西第梦的政制》、《阿格西劳传》(多有对斯巴达制度和阿格西劳的溢美之词)、《居鲁士的教育》(假托对波斯开国君主居鲁士所受的教育和他的作为的描述，阐发自己的以斯巴达制度为模型的理想)、《经济论》、《雅典的收入》(表述色诺芬的经济和财政方面的思想和主张)等等。

在色诺芬的著作中,《长征记》是名声最高、影响最大的一种。色诺芬以卓越的文才,在这部书里缕述亲身经历的事情,自然引人入胜。尤其重要的是,色诺芬在书中以事实揭示了波斯帝国的腐朽性,对以后马其顿、希腊人的东侵起了巨大的启发和鼓舞的作用。马其顿亚历山大在东侵过程中,在与波斯王大流士三世在伊苏斯会战的前夕,对部下做动员,其中就谈到了色诺芬和万人雇佣军的远征,以此提高部下官兵的士气(见阿里安:《亚历山大远征记》,Ⅱ,7,8)。色诺芬的这部著作对不久以后的历史竟然起了这样重大的作用,人们对于此书的普遍重视也就是很自然的了。

值得注意的是,色诺芬的这一部书常被人们用来作为西方优于东方的偏见的"根据"。关于这一点,看来有必要作一些分析和说明。

色诺芬在本书中的确用了许多事例说明波斯帝国的软弱,而且还说小居鲁士就说过希腊人多么勇敢而波斯人又多么可怜(见本书卷一,Ⅶ)。小居鲁士是否真说过这样的话,现在无法确证。不过,色诺芬本人还保有希腊人傲视"野蛮人"的传统思想情绪,这倒是不言而喻的。应该指出的是,波斯帝国的软弱,具体表现在帝国统治阶级的腐朽和广大人民的离心这两个基本方面。波斯人民不愿为波斯国王效死,表现出帝国的软弱,而非反映人民的软弱。例如,希腊雇佣军在经过卡杜客亚人地区的时候就遇到了极大的打击,色诺芬本人曾说,在卡杜客亚人土地上行军七天所受的苦,比受波斯国王和蒂萨弗尼斯的苦加在一起还多(见本书卷四,Ⅲ,2)。他们在行经亚美尼亚地区的时候,也遇到了极其英勇的抵抗(见本书卷四,Ⅶ,13)。所以,腐朽软弱的只是波斯帝国,而非波斯

帝国内的广大的各族东方人民。而且，就波斯帝国的统治阶级来说，他们也并非从一开始就生性是腐朽无能的。色诺芬本人在《居鲁士的教育》(Ⅷ,8)中就明确承认，波斯统治者是在居鲁士以后逐渐腐化没落下来的。我们对于波斯帝国的腐朽无能应有阶级的和历史的分析和认识。一切因波斯帝国腐朽而蔑视东方人民的见解，都是没有根据的民族偏见，都是不能接受的。

色诺芬在本书中以不少事例说明了希腊人的爱好自由的传统，同时也大体上记载了这一支雇佣军其他方面的种种表现。有些学者片面夸张希腊雇佣军的优点，说他们表现了希腊民族的性格等等(见本书英译本序言，又格罗特:《希腊史》，人人丛书本，第九卷，第252页等)。这就难以符合历史的基本事实。对于这一万左右的希腊人来说，什么是他们的基本的历史事实呢？很简单，他们首先是雇佣军，必然具备雇佣军的基本性格。他们千里营营，为利而来，有什么仁爱可言？有多少理性可说？他们随小居鲁士进军的途中就开始抢劫，在撤退中更是一路以抢劫人民为生。这样事例很多，色诺芬记载时丝毫不以为耻，也没有什么隐讳。色诺芬本人就认为，雇佣军靠从市场购买给养是难以为继的，主要要靠掠夺(见本书卷三，Ⅱ,21)，还认为要保持力量，有力量便有机会夺取弱者所有(见本书卷五，Ⅵ,32)。谁都知道，这些都是雇佣军的基本习性，色诺芬也就不以为异、不以为耻了。至于希腊民族性格，这在雇佣军的身上倒是很难说了。这支队伍是由几个希腊人拿了小居鲁士的钱去招募起来的，它的开始组成就与希腊没有什么关系。他们终于跟小居鲁士去打波斯国王，也没有想到过什么希腊利益，而只是因为雇主给他们加了饷并给了更多的许诺。小居鲁

士死后，波斯国王命令他们放下武器。他们中有人已想转而受雇于波斯国王，只是他考虑到放下武器有生命危险，才没有这样做。他们抗拒波斯国王，不是为了维持什么希腊人的自由或民族气节，更不是为了对小居鲁士的忠贞，而是出于自己切身利害的考虑。色诺芬在雇佣军将领被波斯人诱杀以后对同伴们作了一次鼓励性的讲话。他说，希腊人的祖先打败了波斯的入侵，保卫了希腊的自由，现在要继承祖先的传统。他又说，雇佣军已经显示过自己的勇气，不过那是为了帮小居鲁士争夺王位；而现在是为了大家自身的生存，所以更应该拿出勇气来了（见本书卷三，Ⅱ）。他的话的确很能说明问题：过去的希腊人抵抗波斯，是为了保卫希腊的自由和城邦的自主；而现在这一班雇佣军所保卫的只是他们的自身。须知构成雇佣军的都是从希腊各城邦中游离出来的分子。他们在自己的母邦已经失去了一切权利，相应地对母邦也不再尽任何义务。他们是衰朽中的希腊城邦母亲所遗弃的孤儿，投奔谁呢？只好“有奶便是娘”了。我们在这本书中可以看到色诺芬对小居鲁士高度赞美之辞，他甚至说小居鲁士比任何希腊人和非希腊人都受到了更多的人的爱戴（见本书卷一，Ⅸ）。可是，正是这个小居鲁士，他支持斯巴达在伯罗奔尼撒战争中打败了色诺芬的母邦雅典，几乎使雅典陷于灭亡之灾。对于这一点，色诺芬似乎全都遗忘了，而所难忘的却是小居鲁士的有劳必报的豁然大度。这也可以说是雇佣军的性格在色诺芬身上的一点体现。我们还不能忘记，在以后亚历山大东侵的时候，也曾有希腊雇佣军站在波斯方面对马其顿希腊人进行坚决的抵抗（见阿里安：《亚历山大远征记》，Ⅰ，16）。因此，我们也可以说，雇佣军的一个基本性格就是缺乏民族性格。希

腊雇佣军既已成雇佣军，其缺乏民族性格也就是很自然的事了。在这里，我们对于希腊雇佣军的一切缺点同样要作阶级和历史的分析，认识那都是希腊城邦矛盾发展的产物。如果把希腊雇佣军的一切缺点都简单地归之于希腊民族性格，那将同样是一种不可取的民族偏见。

刘家和
1983 年 8 月

目　　录

本书说明地图
色诺芬的长征记
英里
帕拉桑（略计）
万里路线图
28°
32°
36°
40°
44°
色雷斯
本都斯
攸克星努斯
帕弗拉戈尼亚
比大尼亚
弗里吉亚
吕底亚
加里亚
吕西亚
庇西狄亚
吕考尼亚
卡帕多西亚
亚美尼亚
梅迪亚
杜客亚
马尔狄亚
叙利亚
阿拉伯
美索不达米亚
卡尔丹
地中海
塞浦路斯
大马士革
巴比伦
卡尔曼德
塔波萨库斯
依苏斯
塔尔苏斯
依孔纽姆
拉兰达
阿司本都斯
叙那达
克里索波利斯
卡尔西顿
拜占庭
阿拉克赛河
阿拉拉特山
马克罗尼
科尔刺斯
陶鲁斯山
奥林帕斯山

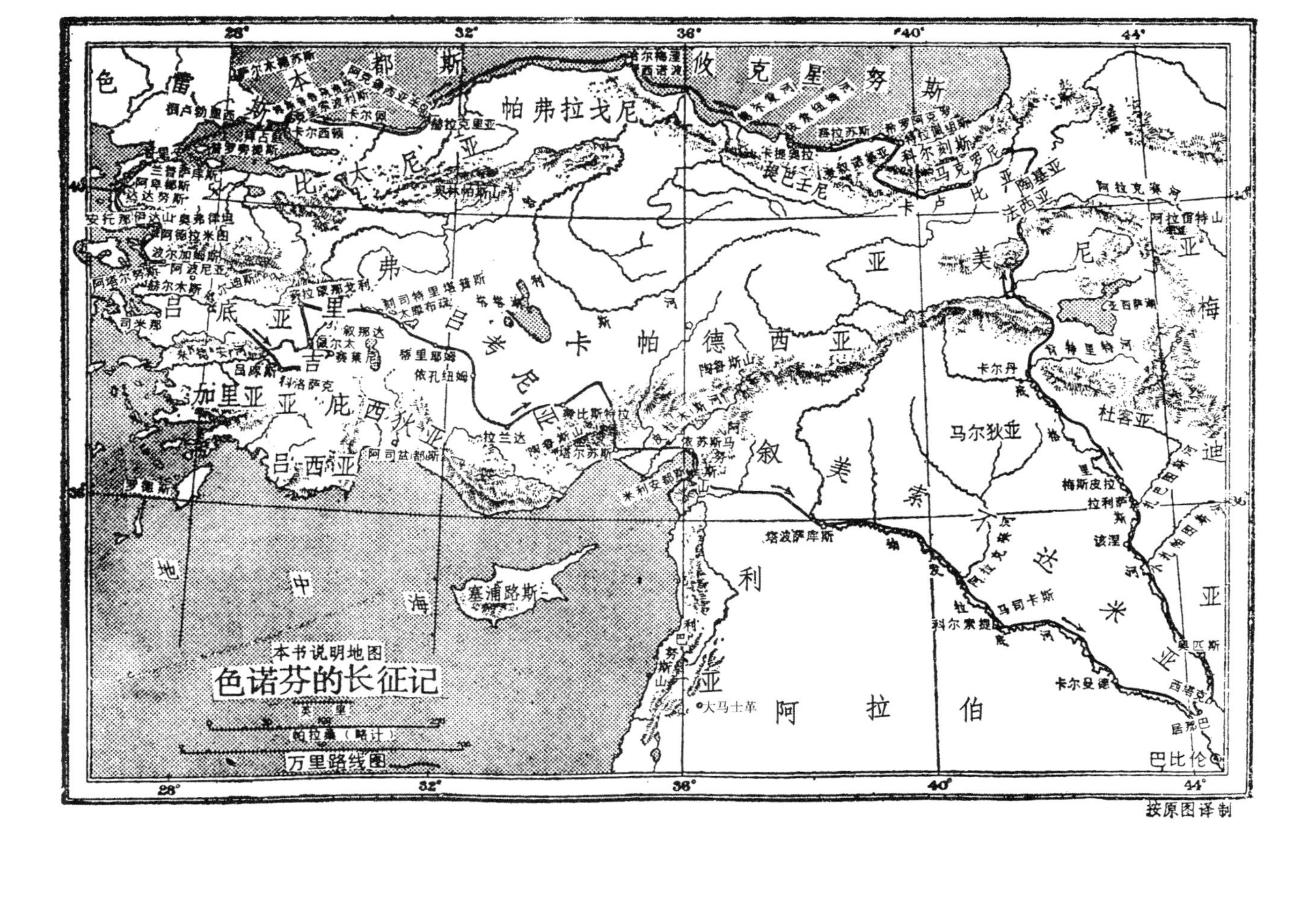

按原图译制

英译本序言

色诺芬所著《长征记》[①]叙述了小居鲁士[②]为了要夺取波斯王位，对他哥哥波斯王阿尔塔泽西斯二世进行远征；居鲁士死后，他属下的希腊"万人大军"退军攸克星海；最后他们回到小亚细亚西部的故事。

居鲁士发动这次结局不详的征战是在纪元前 401 年。在那以前，他在希腊历史上已经是相当突出的重要人物。纪元前 431 年到 404 年间，雅典和斯巴达为争霸而发生的被称为伯罗奔尼撒战争将近结束时，斯巴达人已经同吕底亚和爱奥尼亚的波斯总督、小亚细亚西部波斯军司令官蒂萨弗尼斯结成同盟。蒂萨弗尼斯希望借助斯巴达人的力量恢复对亚细亚海岸原属波斯统辖而现在归属了雅典帝国的希腊城市的统治；而斯巴达人则将得到他的资助以维持其舰队。但蒂萨弗尼斯生性是一个两面派人物，而且他听信了雅典人阿尔西比底斯的话，认为使希腊敌对双方都不得胜，疲于久战、并趋衰竭才对波斯有利。因而不久他便削减并且最后完全

① 《长征记》这一书名的原文词义是由海岸往内陆较高地方的行程，特指著名的由希腊小亚细亚海岸至波斯都城苏萨的行程。实际上此词只适合于色诺芬叙事的前部。——英译者注

② 一般这样称呼以别于波斯帝国创建人居鲁士大帝。——英译者注

停止了原订对斯巴达人所许诺的金钱支持。当斯巴达人对这种背信行为向当时在位的波斯王大流士二世提出抗议时，大流士委派其次子居鲁士出任吕底亚、大弗里吉亚及卡帕德西亚总督兼全部小亚细亚西部军事司令官。这样一来，实际上居鲁士便顶替了蒂萨弗尼斯，解除了他的军权，只剩下他原来辖区的小部分——爱奥尼亚。

居鲁士于纪元前407年就任了各项要职，当时他年仅十七岁。他秉承大流士意旨，全心全力地支持当时好像时运最为乖厄的斯巴达。在执行这项任务中，他表现精干、热忱而直爽。他所给予斯巴达人的援助无疑是使他们最后战胜雅典的一个极为重要的、也许是不可缺少的因素。

伯罗奔尼撒战争结束前不久，在纪元前405年，居鲁士奉召离开小亚细亚职位来守候在垂危的父王床边。由于参与战事，他有机会了解到希腊士兵和希腊战术远优于波斯士兵和波斯战术，并与伯罗奔尼撒军队中好多军官建立了友谊关系。此外，在这场持续了四分之一世纪的战争于纪元前404年结束时，成千上万的士兵解除了军职。他们别无专长，不愿转入和平行业。这些情况说明何以居鲁士不但愿意，而且能够征集希腊人来进行不久以后他所从事的巨大事业，企图夺取他哥哥阿尔塔泽西斯的王位。

在大流士死后，阿尔塔泽西斯继承了王位（纪元前405年）。他听信了蒂萨弗尼斯的谗言，认为居鲁士阴谋反对他，便把他予以拘捕。居鲁士受辱、怀怨，这便是色诺芬在他的《长征记》中所提供的唯一要长征去夺权的原因。从其他资料我们得知，居鲁士本来指望大流士会指定他为王位继承人。一来因为他是皇后的宠儿，而更多地是因为他是“皇荫贵生”，即大流士即位后所生，阿尔塔泽西斯则否。事实上，八十年前的泽尔士正是由于这种情况而被选定为波斯国王，排除了他的一位兄长。

色诺芬是他在《长征记》中所描述的事件的亲身参加者和目击者。他参加这次长征，“不是作为将官或队长或士兵”，而是应居鲁士帐下一名希腊将军、他的朋友普罗克西努斯的极力邀请。那时节色诺芬大概还不到三十岁光景；虽然他比较年轻，而且是一支伯罗奔尼撒军队中的雅典人[①]，然而在这场著名的万人大军退师当中，他确实扮演了主要角色。他的描述是直接、爽快、谦详和自然的。

关于《长征记》的编写年代一直有争论。但几乎不容置疑，这部记事著作是根据色诺芬在行军中按事件进行过程所做的详细记载写成的。内在的证据，即表明《长征记》是色诺芬的一部早期作品的文体特征，证实了这个自然的假定：即它的定稿是在这些事件在作者和国人的思想上记忆犹新的时候。另一方面，第五卷里一段个人身世的插叙可能是晚至纪元前 370 年写的。还有一点，色诺芬在约于纪元前 380 年写的《希腊史》中有一段提到居鲁士长征时，他请读者参阅“叙拉古人提米司托格尼斯”所著的关于这次长征的历史。这就显然意味着那时他自己的《长征记》还没有问世。把这些相互矛盾诸点做一番合理的调和，得出如下见解：色诺芬的《长征记》是作者在纪元前 394 年从亚洲回到希腊后不久，便以差不多接近现在这个形式写成的，但直到约纪元前 370 年才发表。

① 居鲁士以前的交往联合只限于伯罗奔尼撒人。——英译者注

据认为，很可能是色诺芬想让一部突出表现了他自身的作品推迟到晚年才予以发表。

万人希腊大军从萨尔迪斯进军到巴比伦门户，再由此回师到攸克星海的希腊沿岸，这是历史上一件极为重大的事件。轻而易举地击败比他们多好几倍的波斯军，尽管阿尔塔泽西斯极力阻截，他们仍得以安全回师。这向所有的人表明，这个煊赫一时、颇为人所畏惧的波斯大帝国是全然软弱无力的。希腊政治家和军事要员很快便得到启发。正如弗朗西斯·培根所说[①]："这位年轻的学者、哲学家〔色诺芬〕，在所有的首领于谈判中被背信弃义地杀害之后，率领这支陆上万人大军穿过广阔王土心脏地带，安全地从巴比伦回到希腊。此事震惊了世界，并鼓舞了后来希腊人入侵波斯王土。正如以后塞萨利人约森所拟议，斯巴达的阿基西罗斯所企图的，马其顿的亚历山大所完成的大业，所有这些都是在这位年轻学者的行动感召下进行的。"

一方面万人大军的长征向希腊人显示了波斯的软弱，而色诺芬对此举的叙述却向我们极为清楚地显示了这些追名逐利的希腊雇佣军的优良品质——他们勇敢而坚忍，虔诚而仁爱，自主而理智。作为不畏艰险的真正军人，他们仍然是酷爱自由的希腊人。对他们只能得其同意而治之，在共同关心的事业上必须听取他们的意见，共同协商。他们被名副其实地称为"行进的民主"，"游动的共和"，"深思熟虑而行动；一面战斗，一面表决；一幅行动在亚细

① 培根(Francis Bacon，1561—1626)，英国哲学家。这段话见其所著《崇学论》(*The Advancement of Learning*)I vii 30。——中译者注

亚中央的雅典缩影。”其“雇佣”军且是这样的人物，即此便足以说明这个民族的力量、性格和脾性。

《长征记》之所以可贵还在于它提供了希腊人的战争艺术知识，对军事科学做出了切实贡献。色诺芬是，或者可以说在退军过程中成为一名非常有才干的战略家和战术家。对每一个问题都以学者和思想家的精神进行探讨，而后把他的深思熟虑的决断体现为兵法。永远足智多谋，以新的战术应付新的情况，从来不落于常规的羁绊。他的独创和发明的天才对后来希腊兵法影响深远。这种影响一直传留到现代。一位现代军事科学研究者[①]写道：“在亚历山大以前，对我们最有教益的军人毫无疑问地是色诺芬……是他向世人指出退师的战术应该是怎样的，怎样指挥一支后卫部队。《长征记》所给予我们的战术独创性胜过若干部其他任何书籍……经过了二十三个世纪，还没有比《长征记》更好的军事教程。”

最后，色诺芬对史实的叙述简洁而典雅，引人而生动，使它在旅游、探奇记叙说部当中占有极高的地位。泰恩[②]在谈到《长征记》时甚至说，“其文体风格之美妙赛过其故事情节之动人。”的确，色诺芬作为文人的盛名在很大程度上是有赖于《长征记》这部书的。

① 西奥多·阿·道奇上校所著《亚历山大》第101页以下。——英译者注

② 泰恩（Hippolyte Adolphe Taine）：法国文艺评论家和史学家（1828—1893）。——中译者注

卷 一

I

大流士和帕莉萨蒂斯生有二子，长名阿尔塔泽西斯，幼名居鲁士。这时大流士卧病不起，自认生命垂危，想让他的两子都守候身旁。长子正值已在身边。次子居鲁士派驻在外，任省区总督兼集结在卡司特卢斯[①]平原所有军队的司令官。当下居鲁士便奉命赶到父王身旁，随带其友蒂萨弗尼斯，并由帕拉西亚的泽尼亚斯率领三百名希腊重甲步兵[②]相护。

大流士驾崩，阿尔塔泽西斯立为国王。后来蒂萨弗尼斯向新王进谗，诬告其弟居鲁士蓄谋造反。阿尔塔泽西斯相信了这一诬控，逮捕了居鲁士，并欲置死。但是母后出面为他说情，便又把他派回原省。居鲁士这样遭难受辱，回去之后便开始盘算不再受他哥哥的权力控制，在可能时就取王位而代之。首先，他有母后帕莉

① 卡司特卢斯是西部小亚细亚所有波斯军队的集合地。——英译者注

② 重甲步兵，在希腊战术中的正规“战列队伍”。这里他们是作为居鲁士的卫队。——英译者注

萨蒂斯的支持，因为她爱他胜过爱长子当今王上阿尔塔泽西斯。另外，每当朝廷有人来访，他总是对他们优渥相待；结果，回去时他们对他比对国王更加忠诚。他还注意使本省的波斯当地蛮人[①]成为精干的战士，使他们对他有好感。最后，关于他的希腊部队，他是极为秘密地征募起来的，以便尽可能地使国王毫无准备。

他是这样征集他的部队的：首先，他下令给所有各城守备将官各自精选尽多上好的伯罗奔尼撒士兵，扬言蒂萨弗尼斯谋攻其城。事实上这些爱奥尼亚城原本由国王赐予蒂萨弗尼斯，但那时除了米里图之外全都叛归了居鲁士。米里图人也计划同样去归附居鲁士，但被蒂萨弗尼斯及时发觉，便把一些人处死，而将其他一些人予以流放。居鲁士把这些流放的人收归部下加以保护，征集成军，从陆、海两路围攻米里图，力图使这些流放者复归原城。这又为他提供了一个征集军队的借口。同时他又派人去见国王，以兄弟关系的理由要求将这些爱奥尼亚城池归他管辖，不再由蒂萨弗尼斯继续统治。这事也得到他母后的协助。结果，国王没有觉察出反对他本人的阴谋，而认为居鲁士花钱扩军是为了和蒂萨弗尼斯交战。说来阿尔塔泽西斯并不反对他们两方交战，特别是因为居鲁士还经常把他管的原属蒂萨弗尼斯的城市的进贡品解送给国王，这就使他更不在意了。

在阿卑都斯对面的刻尔索尼斯地方，还用如下的办法为他招募着另外的一支军队。克利尔库斯是一名拉西第蒙流亡者。居鲁

---

① 英文“barbarians”一词不甚忠于原希腊词义。原词乃希腊人对所有非希腊人（蛮人）的称谓，并无卑视含义。一般说来它表示“外国人”。在《长征记》中多指“波斯人”。——英译者注

士认识了他，对他很赏识，并给了他一万达利克[1]金币。克利尔库斯拿到这些钱后便用它征集了一支军队，并以刻尔索尼斯为行动基地去攻打居住在赫勒斯滂那边的色雷斯人，从而帮助了希腊人[2]。结果这些赫勒斯滂城市主动自愿向克利尔库斯捐献款项来支持他的部队。这样一来便又为居鲁士秘密地保持了这支军队。

同时，塞萨利人阿里司提鲁斯是居鲁士的朋友。因为他正受境内政敌攻击甚迫，便来找居鲁士求借两千名雇佣军的三个月饷银，以使他能压倒对方。居鲁士当即给了他四千人的六个月军饷，并要求他在未跟他商议之前不要同对方言和。这样一来，在塞萨利这支军队便又成为他的一支秘密武装力量。

另外，居鲁士指使他的朋友彼奥提亚人普罗克西努斯带领尽可能多的兵来见他，声言他要征讨庇西狄亚人，因为他们正在进行捣乱。他还指使另外的朋友司腾法利亚的索菲涅图斯和阿加亚的苏格拉底带领尽可能多的兵前来，扬言他要借助米里图流亡者攻打蒂萨弗尼斯。这些人都分头遵嘱行事。

Ⅱ

居鲁士认为时候已到，该开始进军了。他借口说他要把庇西狄亚人全部赶出辖境，并声称他之所以征集波、希队伍完全是为了

[1] 达利克是一种波斯金币。含金量约值一英镑二先令多些或 5.4 美金，但购买力大得多。——英译者注

[2] 指赫勒斯滂欧洲方面的希腊人，他们遭受色雷斯邻人的侵犯。——英译者注

这一目的。这时候他还传话给克利尔库斯，让他带来全部所集军队，并让阿里司提普斯跟他境内敌人讲和，发来所集军队。他又传话给为他统带各城雇佣军的阿卡狄人泽尼亚斯，命他除留守护城所需人员外率领全部人马前来。他又召令围攻米里图的军队撤回，并请这些米里图流亡者跟他一起行动作战，许诺胜利完成当前出兵任务后一定要使他们打回老家去，不达目的绝不罢休。他们欣然听命——因为他们信赖他——便在萨尔迪斯整装待命。

这时，泽尼亚斯带领各城部队，计四千重甲步兵，来到萨尔迪斯；普罗克西努斯带来重甲步兵一千五百和轻甲兵五百；司腾法利亚人索菲涅图斯带来重甲步兵一千；阿加亚人苏格拉底带来约五百名重甲步兵；麦加拉人帕西昂带来重甲三百和三百轻盾兵[①]。帕西昂和苏格拉底也同属于原在围攻米里图的军队。所有以上各军都来到萨尔迪斯向居鲁士报到。

这时蒂萨弗尼斯已经注意到这些动静，并断定居鲁士厉兵秣马规模之大绝不止于是针对庇西狄亚的。他便带领五百骑兵赶去谒见国王。国王从蒂萨弗尼斯处听到居鲁士的军队部署，便着手筹谋对策。

居鲁士这时率领以上所说各路军队由萨尔迪斯出发，经吕底亚行军三站、二十二帕拉桑[②]，到达米安德河。此河宽二普勒特

---

① 轻盾兵不同于一般的轻装兵之点仅在于他们携带一支小型轻盾牌，因而得名。——英译者注

② 帕拉桑是一种波斯距离度量单位，相当于三十希腊司塔迪，或约三点三英里。——英译者注

隆[①]，河上有一座由七条船搭成的桥。过了米安德河之后他进军经过弗里吉亚一站、八帕拉桑，到达科洛萨克。这是一个人烟较稠的繁荣大城市[②]。在这里他停留了七天。这时塞萨利的梅浓到达，带来重甲步兵一千，轻盾五百，其中有多罗庇亚人、埃尼安尼亚人和奥林修斯人。由此他进军三站、二十帕拉桑，到达赛莱尼，这也是弗里吉亚人人口较多的繁荣大城。在这里居鲁士有一座宫殿和一大片蓄满野兽的御苑。高兴时他经常在这儿骑骋射猎来进行自身和马匹的揉练。米安德河流经御苑中间；河源在宫殿下面；它也流经赛莱尼城。赛莱尼也有一座大王[③]的宫殿，堡垒强固，位于马尔叙亚河源上阿克罗波里斯卫城下面。马尔叙亚河也流经此城，宽二十五英尺，注入米安德河。据传说，正是在这里，阿波罗在一场音乐竞技中击败马尔叙亚[④]后剥了他的皮，把它挂在河源所出的洞穴里。该河因此名为马尔叙亚。据说也是在这里，泽尔士在那场著名的战役[⑤]败绩之后，从希腊撤退时营造了这所宫殿和赛莱尼卫城。在这里居鲁士停留了三十天。拉西第蒙流亡者克利尔库斯带领一千重甲步兵、八百色雷斯轻盾兵及两百名克利特弓兵到达。同时叙拉古人索西斯率领三百重甲，阿卡狄人阿基亚斯率领重甲千名也来到。在这个苑中居鲁士举行了一番检阅，并对这些希腊将兵进行了查点，共计一万一千名重甲和大约二千名

① 普勒特隆约相当于九十七英尺。——英译者注

② 那时亚细亚城市很多都是荒凉的。——英译者注

③ 大王这一称呼希腊人时常用来指波斯王。——英译者注

④ 马尔叙亚是弗里吉亚半人半兽山林之神。他自诩笛乐之技甚高，向乐神琴王阿波罗挑战。此神话好像是叙述希腊纵琴压倒横笛的故事。——英译者注

⑤ 即萨拉米之战，纪元前480年。——英译者注

轻装。

由这里他进军两站、十帕拉桑，到达佩尔太。这是一个人烟较稠的城市。在这儿他停留了三天。这时候阿卡狄人泽尼亚斯庆祝了吕凯亚[①]节，祭献并举行了竞技。竞技奖品是金制刮子。居鲁士本人也亲临观看。从这里他进军两站、十二帕拉桑，到达人烟较稠的城市赛拉蒙那戈剌。这是往米西亚去最后的一个弗里吉亚城市。由此进军三站、三十帕拉桑，到达人烟较稠的城市刻司特汝佩迪安。他在此地逗留了五天。这时节他已欠下了三个多月的兵饷。这些士兵屡次到他的司令部讨索。他总是表示有希望，显然是有困难，因为居鲁士有钱时从不拖欠军饷。正在这个时刻西里西亚王[②]叙涅西斯的王后爱匹亚克萨来访。据说她给了他一大笔钱。不管怎样，居鲁士那时发给了部队四个月的饷银。西里西亚王后随带一支西里西亚人和阿司盆都人组成的护卫队前来。据说居鲁士和这位王后关系密切。

由此他进军两站、十帕拉桑，到达人烟较稠的城市太摩布琉。在这儿，沿着道路，有一个叫作弥达斯的泉源。弥达斯是弗里吉亚王，传说他在此处以泉水和酒捉住了贪好酒色的人兽森神[③]。从这里他前进两站、十帕拉桑，到了一个人烟较稠的城市蒂里亚枯。

① 纪念吕凯亚宙斯，即阿卡狄境内吕凯亚山宙斯神。——英译者注

② 西里西亚王，名义上是“王”，而实际上是波斯王的附庸。叙涅西斯，照故事所叙是在想和居鲁士及阿尔塔泽西斯双方讨好，而暗中帮助前者，同时还表面上做出抵御其长征的姿态。——英译者注

③ 本故事不如其续篇为大家所熟知，即：为了他对山林之神（赛里努斯）的盛情对待，代阿尼苏斯神许诺为弥达斯实现一项任何的请求。他请求得到触手成金的点金术，却因而至于饿死的故事。——英译者注

他在此停了三天。据传西里西亚王后请居鲁士向她展示一下他的军队。这事正中他意。于是便在这片平原上对他的希[①]、波[②]队伍进行了一次检阅。他命令希军像往常一样地临战整队列阵，每个将官各自整列自己的队伍，摆开了四层深的队形。梅浓率部列在右翼，克利尔库斯率部居左，其他将领列于中央。居鲁士首先视察了波军。他们骑兵成队、步兵成连地前进接受检阅。然后是希腊人部队。他乘一辆战车，西里西亚王后坐在一辆马车上对他们进行检阅。这些希腊士兵全是头戴青铜护盔，身穿紫袍、护胫，手执脱套盾牌。当居鲁士把全部人马检阅过后，他把战车停在方阵中央前面，打发翻译庇格瑞斯来到希腊将官跟前，命令队伍高举兵器，列阵一体前进。将官把命令传达给士兵；号声一响他们便高举兵器进击。那时他们越走越快，最后一阵大喊便主动跑了起来，奔向营帐。这时波斯队伍大为震惊，西里西亚王后乘车逃奔，市场[③]上的人弃货跑开；这些希军哄笑一阵来到营房。这时西里西亚王后看到希兵威武雄壮的阵容和井然的秩序，大为赞赏；居鲁士看到希军使波军这样震惊也很高兴。

从这里他又进军三站、二十帕拉桑，来到弗里吉亚境内最后一个城市依孔纽姆。在这儿他停了三天，便又前进五站、三十帕拉桑，通过吕考尼亚。此地他让希军随便劫掠，因为它是异己之

---

① 指希腊人组成的军队，不是希腊国家的军队。——中译者注

② 原文指蛮族人组成的军队，不是波斯国家的军队。——中译者注

③ 希腊军队不是像现代这样发口粮，而是一天一天地向跟从军队的随军商人去购买给养。指挥官的责任就只是“提供一个市场”。——英译者注

邦[①]。这时居鲁士送西里西亚王后抄近路回到西里西亚，并派梅浓的一些队伍护送，由梅浓亲自率领。这时居鲁士带领其余队伍前进，通过卡帕德西亚四站、二十五帕拉桑，到达人烟较稠的繁荣大城达纳。这里他们停了三日。在这时居鲁士处决了一名叫麦加弗尼斯的波斯紫贵[②]和另一名属下贵人，罪名是他们阴谋反对他。

从这里他们准备试图进入西里西亚。入境是要经由东路，极为陡峭，一夫当关大军难进。据报叙涅西斯正在高地把守关口，因此居鲁士在平原上只停留一天。可是次日便来了一名信使，传话说叙涅西斯已经撤离高地，因为他了解到梅浓率队已在西里西亚山的内境，而且得到消息属于拉西第蒙[③]和居鲁士本人的重桨战船正由塔摩斯统带下从爱奥尼亚绕道驶来。总之，居鲁士上了山没有遇到任何抵抗，并看到西里西亚人原来驻扎把守的营地。由这个地方他下山到达一片美丽的大平原，灌溉良好，长满各种树木和蔓藤。此地盛产芝麻、黍米、薏米、小麦和大麦；从海到海四面有崇山险岭连绵环绕。下山进入平原之后他进军四站、二十五帕拉桑，到达塔尔苏斯[④]。塔尔苏斯是西里西亚一座繁荣城市，也是西里西亚王叙涅西斯宫殿所在地。一条宽二普勒特隆的赛德努斯河流经此城中部。此城居民已随同叙涅西斯逃离到山上一座碉堡，

① 离开弗里吉亚，居鲁士便越过了他自己的总督辖区限界。——英译者注

② 紫服穿着者（wearer of the royal purple）是波斯王朝的一个尊衔。——英译者注

③ 居鲁士曾请求拉西第蒙人“对他表示友好，正如在拉西第蒙人与雅典作战中他对他们友好一样”。他们现在所给予的帮助就是针对那个请求的。——英译者注

④ 使徒保罗的诞生地。——英译者注

除了酒店主人以外都走了。沿海索利和依苏斯两地[1]的人也留下没走。

这时叙涅西斯的夫人爱匹亚克萨已经比居鲁士早五天到达塔尔苏斯，但是当她越过山区奔向平原的时候梅浓的军队有两个连队失踪了。有人说他们在进行一些掠夺时被西里西亚人砍烂了；另一个说法是他们被遗落在后面和部队失却联系，找不到路，四面徘徊；这为数一百的重甲步兵便消失了。梅浓的其余部队到达塔尔苏斯时，由于失掉了战友，一怒之下他们便尽情抢掠，不但劫掠城市，而且也劫掠了城里的宫殿。居鲁士进入城市之后屡次召请叙涅西斯来见。但叙涅西斯声言他还从来没有对强者屈从过，现在除非他妻子能说服他并得到保证，他是不会投奔居鲁士的。最后，当两人相见时，叙涅西斯给了居鲁士军队一大笔钱，而居鲁士送给他一些在朝廷认为代表荣誉的礼物[2]——配有镶金笼套的骏马，金项链和手镯，金匕首和波斯袍——还答应他不会再抢劫他的辖土，并可领回被抓走的奴隶，如果在任何地方遇到的话。

Ⅲ

居鲁士和他的军队在塔尔苏斯这里停留了二十天，因为士兵拒绝再往前走。他们这时猜疑他们是要去反对国王，说雇用他们不是去干那事的。克利尔库斯首先试图强迫他的士兵前进，但是

---

① 以亚历山大王一次极重要的胜利(纪元前 333 年)而出名。——英译者注

② 即只有波斯王才能赏赐的礼物。居鲁士已在行使帝王特权。——英译者注

每当要开始前进时他们便对他和他的驮畜以石投击阻挠。这时克利尔库斯险些被击死。后来他意识到强制毫无用处,便召集他的士兵开了一个会。首先他站起来哭了一大通,士兵莫名其妙地看着他,寂然无语。这时他讲了下面的话:

"士兵弟兄们,现在这种情况下我很难过,这不足怪。居鲁士结交了我,对我这个从祖国流亡出来的人不仅多方尊重,而且赐以万金。我收到这笔钱之后并未把它蓄为己用或恣意挥霍,而是把钱花在你们身上。首先我去同色雷斯人作战,为了希腊,我借助你们去惩罚他们,把他们赶出刻尔索尼斯,因为他们要夺取居住当地的希腊人的土地。然后居鲁士召见,我带领你们一同前来,以便需要我时能助他一臂之力,报答昔日受惠之恩。但是现在你们不愿跟我一起前进。看来我必须或是离开你们继续保持与居鲁士的友情,或是背弃他而和你们在一起。我真不知这样做对不对,但是我无论如何将选择你们,和你们在一起经受任何苦难,这样做将不会有人说我把希腊人领进异邦之后,出卖了他们而去与异邦人交好。再者,既然你们不愿服从我,我将跟随你们,不顾任何苦难。因为我认为你们对我既是祖国,又是亲朋和盟友。和你们在一起我将到处受尊敬;离开你们,我既不能帮助一个朋友,也不能抗拒一个敌人。所以,我下定决心,你们到哪里,我也就到哪里。"

他这样讲着,士兵们——不只他自己的,还有其他的——听说他将要不向王都进发,都称颂他;泽尼亚斯和帕西昂部下两千余名战士也携带武器、军需和克利尔库斯驻扎在一起来了。居鲁士见此情景,困惑难过,屡次派人去请克利尔库斯。克利尔库斯拒不出面,但却暗中派人去告诉他不要伤心,因为事情会正当解决的。可

是，他让居鲁士继续派人来邀请他，虽然说他本人还是将拒不受邀。

此后，克利尔库斯把他自己的战士和来归附的以及其他任何要来的战士召集到一起，做了如下的讲话："士兵弟兄们，很清楚，居鲁士对我们的关系完全和我们对他的关系一样；即我们不再是他的兵，因为我们拒绝跟他走；同时他也不再是我们的薪饷主了。可是，我晓得，他认为被我们错待了。因此，虽然他总是派人请我，我都回避不去，主要地是由于我确实感到羞愧。我感到我是完全对他不义。此外，我也怕他由于在我手中遭到不义可能把我捉住加以惩罚。因此，现在我们不应高枕无忧，我们倒是应该考虑在这种情况下应该采取什么行动。我们要是在此停留，我想我们必须考虑如何才能最安全。如果认为最好立即离去，也要考虑怎样才能极安全地离去，以及将来如何获得给养——因为没有给养，将和兵都没有用处。还不要忘记，与居鲁士友好时他是一个可贵的朋友；若与他成仇，他便成为一个极危险的敌手。而且他武备强大，有步兵、马兵和海舰，这是我们全都见过和知道的。我们的营帐离他并不太远。因此，大家应该及时地提出你认为最好的办法。"说完这些话他便不言语了。

于是不少人起立发言。有些是主动地发表自己的意见，但也有些是克利尔库斯怂恿起来的，说不经居鲁士同意，去和留都是有困难的。这时有一个人，假装急于要尽快地赶回希腊的样子，提议如果克利尔库斯不愿领他们回去的话，便应尽快地推选别的将军；其次，他们可以购买给养——市场是在波斯军中——打点行装；然后去找居鲁士要船起航。如果他不给船只，便要一名向导引路通

过友好邦土奔回家乡。如果连向导也不给的话，便火速列好阵势，并派一支军队去事先占领山头高地，以免居鲁士或西里西亚人制先。他并说："我们已经把好多西里西亚人和他们的财物掠归自己所有。"这个人的发言就此完结。

听后，克利尔库斯只是说："你们谁也不要再说我要做指挥了。从好多方面考虑我不应当那样做。我倒是将尽力服从你们选出的人。你们也好知道我也和世上任何别人一样懂得怎样做一个部下。"在他讲完之后，另一个人起立讲话，指出前面那个人提出要船（好像居鲁士又要回家）是愚蠢的。并指出去"向我们要败坏他事业的人"要求派向导也是非常愚蠢的。"说实在的，如果我们提出来信赖居鲁士派的向导，那我们不也可以指使居鲁士去为我们事先占领那些高地吗？就我来说，他要是给船只我是有点不敢上的，怕他使我们人船俱没。他若是给派向导，我有点不敢跟随，怕他把我们引入绝境。不经居鲁士同意而去，我宁要乘其不知而走——而这是不可能的。我看刚才所提计划都属胡言。我倒觉得应当派适当人选随同克利尔库斯去见居鲁士，问他想用我们去做什么。如果他的事业和从前雇军去干的相像，我认为我们也应当随从他，不应比以往跟他出征的人表现更为怯懦。但如他的事业比以往的更为巨大、艰难、危险的话，我们应当要求他或是提供足够的报酬[①]而带领我们前进，或是依从我们的意见让我们和好回家。因为，这样子，如果跟从他去，那是作为忠义的朋友和热诚的支持者跟他去；如果我们要回家，也是安全返乡。我还提议，我们的代表

① 以额外报酬的形式。——英译者注

要向我们回报他所做的任何答复，以便我们听取后加以考虑。”

这个计划被通过了。他们选出代表，派他们跟克利尔库斯一同前去。他们把队伍里所决定的问题向居鲁士陈明。居鲁士回答道，他听说他的一个敌人阿布罗考玛斯现在幼发拉底斯河一带，距此十二站。他之所以想出兵正是为了要对付他。若是他在那里，他要对他施以适当的惩罚。“但如他已逃走，”他接着说，“我们到那里届时再作定夺。”听了这个回答之后，代表们向士兵们做了汇报。这些士兵，虽然怀疑居鲁士是要领兵反对国王，仍认为最好是跟随他去。可是他们要求增加薪饷。居鲁士便答应给他们全都再多发五成，即每人每月由一个达利克增加到一个半。至于怀疑他要带领他们反对国王，当时连谁都没有听人提过，至少是没有公开说过。

Ⅳ

从此地他进军两站、十帕拉桑，抵达普萨鲁斯河。此河宽三普勒特隆。由此又前进一站、五帕拉桑，到达皮拉木斯河。此河宽达一司塔迪姆[1]。从这儿他又进军两站、十五帕拉桑，到依苏斯。这是西里西亚境内最末一城，位于临海之地，大而繁荣。在这里他们停留了三天。从伯罗奔尼撒来迎接居鲁士的船到了，计有三十五艘，由拉西第蒙人毕达哥拉斯为将统带。他们是由埃及人塔摩斯

① 司塔迪姆＝582 $^1/_2$ 英尺。——英译者注

从以弗所斯领航来到依苏斯的。塔摩斯带管着另一支属于居鲁士的二十五艘船组成的舰队。这些船原是他用来围攻米里图的，那时它与蒂萨弗尼斯和好，而在居鲁士与蒂萨弗尼斯交战中支持了居鲁士。拉西第蒙人客里索甫斯也跟这支舰队一同来到。他是应居鲁士召唤前来，随带七百名重甲步兵编入居鲁士军中，由他继续统带[①]。这些船只沿着居鲁士营帐停泊下来。曾为阿布罗考玛斯服役的希腊雇军——四百重甲步兵——在背离阿布罗考玛斯后也是在依苏斯这里与居鲁士会合的，并参加了这次反对国王的长征。

由此前进一站、五帕拉桑，来到西里西亚和叙利亚间的关口。这些关口有两道墙。在西里西亚这一方面的由叙涅西斯和一队西里西亚守备把守，而在叙利亚那边一方的据说是由一队国王的警备队守卫。两关之间有一道河流过，名叫卡苏斯，宽一普勒特隆。从这关到那关全程三司塔迪，无法强行通过，因为关隘狭窄，墙垒直达海边，上有悬崖峭壁，而且两面城墙上都有守卫哨楼。正是因为有这关口，居鲁士派人去招来舰队以便能把重甲步兵送到两城之间和以远的地方以制服守卫叙利亚门户之敌。阿布罗考玛斯正是居鲁士要用来完成这一任务的人，因为他有一支大部队。但是阿布罗考玛斯并没有这样做。一听说居鲁士来到西里西亚，他便从腓尼基[②]返转行程，据说带领一支三十万人大军去投奔国王。

由此居鲁士前进一站、五帕拉桑，来到米利安都斯。这是腓尼

① 客里索甫斯统帅的这七百名重甲步兵是拉西第蒙当局派出支援居鲁士的，也就是他的军队中唯一和任何希腊城邦有官方正式联系的部队。——英译者注

② 其总督为阿布罗考玛斯。——英译者注

基人居住的沿海城市。它是一个贸易地点，好多商船在停泊靠岸。这里他停留了七日，阿卡狄人泽尼亚斯和麦加拉人帕西昂上了一只船，装上他们的最宝贵的财物，驶离而去。他们这样做，许多人认为是由于嫉傲的感情。因为他们的士兵归附了克利尔库斯是想再回希腊，而不是前去反对国王，而居鲁士让克利尔库斯把他们留了下来。他们走掉之后，有人传说居鲁士派战船追捕。一些人希望能把他们逮住，认为他们是胆小鬼；同时也有人觉得若逮住他们倒怪可怜的。

这时居鲁士把将官们召集到一起，说："泽尼亚斯和帕西昂已经背弃了我们。但让他们知道他们是完全不能逃脱的——偷跑不成，因为我知道他们的去向；快跑也不成，因为我有战舰可以追获他们的船。但是我却对神发誓不去追他们，不能令任何人说，当人跟随我时，我用他；而一旦想离开我时，却把他抓起来加以虐待，并夺取其财物。不能那么做。让他们去吧，让他们知道他们对我们的所做不如我们对他们的所为。当然喽，在特莱勒斯[①]有他们的妻子儿女被看护着，但我也不要使他们失掉家小。他们可以接走，因为他们从前为我服役有卓越功绩。"他的话就这样讲完了，这些希腊人，即便是那些对长征有点乏劲的人，听到居鲁士宽宏大量的肺腑之言，也比较心平气和地、热切地继续征程。

此后居鲁士进军四站、二十帕拉桑，到达卡卢斯河。此河宽一普勒特隆，充满大的驯鱼。叙利亚人把这些鱼奉为神明，不许任何

① 卡里亚一城市。——英译者注

人加以伤害;对鸽子[①]也是一样。军队驻地村庄属于帕莉萨蒂斯,因为这是作为零用钱赠与她的。从此地居鲁士前进五站、三十帕拉桑,到达宽一普勒特隆的达达斯河源。那里有叙利亚故君贝尔叙斯的宫殿和一座种植四季作物美丽的大御苑。但是居鲁士把这个御苑破坏并将宫殿焚毁。由此他又进军三站、十五帕拉桑,抵达幼发拉底斯河。此河宽度为四司塔迪。河岸有一繁荣大城,称为塔波萨库斯。他在此停留了五日,并召集了希军将官,告诉他们此番进军是去巴比伦讨伐国王。他当即指令诸将去向士兵说明,并想法说服他们跟随前往。于是诸将召集了一个大会,宣布了此事。士兵们对将官很气愤,并说将官对此早有所知,但对部队秘而不宣。他们拒绝继续前进,除非是像上次随行那样得到金钱[②]。那次是居鲁士奉父王召见,士兵随行,而不是去打仗,却还得到了赠金。将官们把这些情况汇报给居鲁士。居鲁士许诺到达巴比伦时每人给银五迈那[③],并发全饷一直到他再把这些希腊部队带回到爱奥尼亚[④]。大部分希军对此表示了同意。

但是梅浓,在得知其他士兵欲从与否之前,把他自己的部队调到另外一处,讲道:“弟兄们,如果你们听从我,你们将安安稳稳地得到居鲁士对你们比对其他部队更为优厚的礼遇。那么我要你们

---

① 据传说记载,叙利亚女神德儿西托被化身为鱼,她的女儿赛米拉米斯化身为鸽。——英译者注

② 这时队伍不是像在塔尔苏斯一样在索要加饷,而是要求特别赠与。——英译者注

③ 一个雅典迈那相当于约三个多英镑。居鲁士这里指的大概是波斯迈那。波斯迈那比雅典迈那多值约四分之一。——英译者注

④ 雇佣军一般在战役完结后回家路上所用时间不计军饷。——英译者注

怎样做呢？此时居鲁士正在请求希腊人随他去讨伐国王；我自己盘算的是，在其他希人对居鲁士做出明确回答之前，你们应当越过幼发拉底斯河。因为，若是他们决定随往，由于你们开始过河，这个决定的功劳将要记到你们身上。这样居鲁士不仅将认为你们最热衷于他的事业，因而感激你们，而且将会予以报答——他是最知道怎样报答人的。另一方面，如果他们决议不跟从前往，我们将一同回来，但由于你们是唯一听命的人，他将雇用你们担任守备职务[①]并提升队长。你们另外无论想要什么，作为居鲁士的朋友，他将会满足你们。”士兵一听这话，便都听命，在其余的人做出答复之前便渡河去了。居鲁士听到他们过河，非常高兴，便打发格卢斯给这些部队带去信息说：“士兵们，今天我表彰你们；但也将对得起你们，使你们也对我满意。不然我就算不得是居鲁士了。”这样一来，梅浓的队伍抱有很高的希望，只祈盼他成功；据说居鲁士给梅浓另外送去厚礼。这样，居鲁士便开始渡河，其余军队也全部跟随前进。在过河时竟无一人湿及胸部以上。塔波萨库斯人说，此河只有这次能徒步渡过，一向都需渡船，而这些船在居鲁士来到之前，阿布罗考玛斯行军渡过之后已经焚毁，以阻止他过河。因此，好像这里面有天意指使，河水在居鲁士面前显然退落，因为他命定要称王。

由此他行军经过叙利亚九站、五十帕拉桑，到达阿拉克赛河。这里他们发现好多村庄，满贮粮、酒，便在此停留了三天，为军队筹备给养。

① 即容易的劳务。——英译者注

V

由此他进军经阿拉伯，沿幼发拉底斯河左岸行经荒漠之地五站、三十五帕拉桑。这一带是水平般的连绵平原，长满茵陈，平原上不管长些什么灌木、芦草之类的东西总是像香料似的芬芳。树一棵都没有。但有各种野兽。大量野驴、鸨、羚之外还有很多鸵鸟。这些动物有时有骑手狩猎。至于野驴，每当有人追捕，它们便往前跑，跑一阵就停下来——因为它们速度比马快得多——然后，当马来近时，便又那样跑跑、停停，不可能逮住它们，除非是猎骑们间隔地摆开阵势，接力地追捕猎取。猎得的驴，其肉如鹿脯而更为鲜嫩。鸵鸟则无人猎得；猎鸵鸟者很快便败下阵来，因为它一飞便把猎者摔在后面。它不但紧纵双腿，而且伸展双翼，像使帆一样推它前进。但鸨鸟则可猎获，如果你追捕敏捷，行动迅速，因为它们只能飞短程。它和鹧鸪一样，只能飞短程，一会儿便飞不动了。其肉甚为鲜美。

经过这个地带向前进军，他们到达马司卡斯河。此河宽一普勒特隆。在这荒原上有一个叫作科尔索提的大城，完全被马司卡斯河所环绕。在这里他们停留了三天，补充给养。由此居鲁士通过荒原前进十三站、九十帕拉桑，沿幼发拉底斯河左岸，到达皮莱。在这进军的过程中，好多运载军需的驮兽由于饥饿而死。因为这里没有草料，实际上这个地段完全荒瘠，光秃秃没有任何种类的生物。住在这里的人民靠沿河岸采制磨石为生。他们把磨石运到巴比伦卖掉换购粮食。至于这些军队，他们的给养告竭，不可能买到

任何补充，除非是从居鲁士波军的随军吕底亚人[①]供应市场上以四西格卢的价钱买到一卡皮特的小麦粉或大麦面。一西格卢值七个半雅典奥勃尔[②]，一卡皮特容积有两雅典考尼克[③]。因此，士兵靠吃肉凑合着维持[④]。有时为了要得到水或新鲜草料，居鲁士把穿越荒原的站弄得很长。

有一次他们遇到一段狭窄泥泞的地方，车辆很难通过。居鲁士跟他的显贵护从停了下来，命令格卢斯和庇格瑞斯带领一些波斯士兵去帮助把车拉出来。他觉得这些人干得慢慢腾腾、不带劲。于是，好像生了气，他便指使护从的波斯贵人去帮把手，促车上路。当时表现出了严明纪律的典型：他们每人都就地立刻甩掉紫袍，像一个人奔向胜利似的，顺着极为陡峭的山坡向前冲去，身着华贵短袍和彩裤，其中有的人还佩戴着项链和手镯。身着这些衣饰，他们立即跳进泥泞，把车干净利落地抬起来，令人不可思议地迅速把车救了出来。一般说来，在整个路程上居鲁士显然是从速赶路，不事耽搁，除非是为了获得给养或为了一些其他必要的目的。他的想法是，他赶路越快，越能乘国王于不备，使其无法迎战；而若是他行动缓慢，越慢则国王越能集合更多的军队。还有一层，明眼人一看便能看出：王国之强，在于疆土广阔、人口众多；但由于距离遥远，军队分散，如对其发动迅攻，则强而弱矣。

① 吕底亚人是臭名昭著的叫卖商人。——英译者注

② 奥勃尔(obol)约值一个半便士。——英译者注

③ 科尼克斯(考尼克)相当于约一夸脱。所列物价大概约为雅典的正常价五十倍。——英译者注

④ 色诺芬时代希腊人一般比较少吃肉食，但在阿拉伯沙漠地带一项肉餐则构成道地的苦难。——英译者注

跨过幼发拉底斯河，在这荒原进军路上有一个繁荣大城，名叫卡尔曼德。士兵们在此购买了给养。次日他们这样乘筏过河：他们用帐篷的皮张装满干草，然后把两边缝合起来，使水不湿草。乘这些草袋，他们渡河，得到给养——椰枣酿的酒和小米做的馒头，因为这一带盛产小米。

这时有一名梅浓手下士兵和一名克利尔库斯手下士兵发生口角。克利尔库斯断定梅浓的兵犯有错误，罚以杖责。这兵回到本队就说开了。同伙听了此事，愤愤不平，对克利尔库斯非常气恼。当天，克利尔库斯去河对岸，视察市场之后，在乘骑返回自己营帐时，路过梅浓部队驻地。他随身只带了少数几个士兵。这时居鲁士仍在向此地前进，尚未到达。一名正在劈木头的梅浓士兵看到克利尔库斯骑经营地，便以斧向他投击。没有击中，另一个人又投之以石，接着另外又有一人向他投击。随着一声大喊，很多人加入了战团。克利尔库斯逃回本营，立即命军队准备战斗。他指令重甲步兵原地不动，执盾抵膝[①]待命，而他本人率领色雷斯人和本军的大部分是色雷斯人的四十余名骑兵向梅浓部队进击。梅浓所部和他本人大为吃惊，当即取武器以备战斗，虽然也有一些人见此情景呆站原地不知所措。这时普罗克西努斯比别人来迟了些，带领一营重甲步兵刚赶到。他当即领兵插到双方之间，把他们镇住。他请求克利尔库斯不要继续攻击，但克利尔库斯恼怒不平，因为当他差一点被石头打死时，普罗克西努斯对他的委屈轻描淡写地未加重视。他让普罗克西努斯退出，莫管此事。此刻居鲁士也已来

① 需要时准备予他以支持。——英译者注

到，得知这种情况。他立即持矛在手，带着当时在身边的参谋人员骑马来到调停地点，说道："克利尔库斯，普罗克西努斯，所有在场的其他希腊弟兄们，你们不懂得你们在做何等事！因为你们彼此交起手来，毫无问题，我定将即刻人头落地，而你们自己跟着就会落到同样下场。因为一旦我们自相残杀，眼前这些人将比支持国王一边的人对我们更为敌视。"听到这些话，克利尔库斯觉醒过来，双方便停止争吵，各回营地去了。

Ⅵ

当他们由此继续前进时，他们总看到许多马的行迹和马粪。看来是一队约两千骑的马队。这些马队在前进中焚毁了草料和其他有用的东西。这时一个和国王有亲戚关系、被认为在战术上是波斯人当中最好的名叫奥戎塔斯的谋划了一个反对居鲁士的诡计——事实上他从前就攻打过居鲁士，但是又言归于好了。他此时对居鲁士说，如果给他一千骑兵，他将埋伏起来，杀死这些在前面放火的马队，或是生擒他们多人，制止他们在前进中焚毁物资，并使他们永不得窥探到居鲁士军情而去向国王报告。居鲁士听到此策，觉得倒也是一个权宜之计，便命奥戎塔斯从每位骑兵统带处各选一队前往。这时奥戎塔斯认为他的骑兵已经准能到手，便写了一封信给国王，说他将带领可能得到的尽多骑兵投奔于他，并促请国王派他的骑兵来友好地迎接。信里并提起他从前对国王的友好忠诚。他把这封信交给了一个他认为对他忠诚可靠的人。但这人接过信来把它交给了居鲁士。居鲁士读信后便把奥戎塔斯逮捕

起来，并召集侍从中七名最为高贵的波斯人来到帐下。同时命令希腊将官带来重甲步兵，让他们武装扎在营帐周围。各将遵令，随身带来约重甲兵三千。

克利尔库斯也被请至营帐作为参谋，因为居鲁士和其他波斯人把他看作比其他希腊人更为受尊敬的人。当克利尔库斯出来时，居鲁士对他的朋友讲了奥戎塔斯如何受审讯——因为这并非保密的。居鲁士在会上首先讲道："我的朋友们，我把你们请来为的是要和你们商量，对奥戎塔斯一案采取无愧于神和人的正确处理。这个人起初是我父亲给我作为下属的。后来，据他自己说，受我哥哥的指使，占据萨尔迪斯卫堡对我开战。通过我的应战使他认为最好停止对我作战。我们便伸出友情之手言和了。"这时他说，"奥戎塔斯，自那以后我亏待过你吗？"奥戎塔斯答道，"没有，不曾亏待。"居鲁士接着讯问他："后来，虽然你自己也承认在我手下没有对你亏待，但你不是又叛离了我投奔米西亚人而对我的领土尽量扰害吗？"奥戎塔斯答说，"是的。"居鲁士又问他，"当你再一次认识到你自己势力不足之后，你不是来到阿尔特米斯祭坛告罪并再次说动我饶恕了你，并相对立下誓盟保证吗？"对此奥戎塔斯也承认不讳。"那么，"居鲁士又追问道，"我对你又有什么错待之处，使你现在第三次阴谋反对我呢？"当奥戎塔斯回答"没有错待"时，居鲁士问他："那么你承认不承认事实证明你是害我的小人呢？"奥戎塔斯说，"我也是没有办法，只得如此。"于是居鲁士又问，"那么你以后能反对我哥哥而成为我的忠实朋友吗？""即使我那样做，居鲁士"，他答道，"你此后也永不会相信我了。"这时居鲁士对在场的人说道："这个人的行为以往是那样，他的话现在是这样；那么，克

利尔库斯，请你作为我的参谋之一第一个发表你所持的见解。”这时克利尔库斯说道：“我的意见是尽快地除掉这个人，以免我们需要永远对他提防，免除后患。这样才能奖惩分明，对忠者施以奖赏。”克利尔库斯说罢，其他人对这个主见也同意。

后来，由居鲁士吩咐，全体人员，连奥戎塔斯的亲戚，都起来捉住他的腰，表示他要被罚处死。这时便由奉命执行的人把他拖出。从前一向对他表示虔敬的人，这时还在对他施礼，虽然他们也知道他正被带去处死。在把他带到居鲁士的最忠实侍官阿尔塔帕特斯营帐以后，是死是活，便没有人曾再看见奥戎塔斯。也没有人确实知道他是如何处死，都是些这样或那样的猜测；也没有人看到过他的坟墓。

Ⅶ

居鲁士由这里经过巴比伦，进军三站、十二帕拉桑。在第三站，约午夜时分居鲁士在平原上对希、波各军进行了一次检阅，因为估计次日清晨国王会率军前来迎战。他命令克利尔库斯担任右翼指挥官，梅浓担任左翼，而他本人统带着自己的队伍。检阅的次晨，破晓时分，来了些叛逃大王的人，来人给居鲁士带来其军队情况的报告。

这时居鲁士把希腊将官和队长召集到一起，不仅和他们商议应如何打这一仗，而且他本人劝服、鼓励他们，说：“希腊的士兵们，我把你们带到这里来为我作战，不是因为我没有足够的波军，而是因为我相信你们比很多波斯人更勇敢、更精强，因此我将你们也带来。你们要确实配得上你们所享有的自由,我为你们拥有这种自由表示祝贺。你们可以确信,我将选择自由,它百倍地胜过我所有的一切。现在我要使你们知道你们要去参加的是一场什么样的争战。我们的敌方人多势众,他们将大吼一声而来,可是止于此。然而,如果你们坚持下去,绝不动摇,我很难为情地告诉你们,你们将发现我们国家的人是何等的可怜虫。如果你们好好干,如果我的事业成功,我将使你们当中任何想回家的人回到家中,并将为家乡友人所羡艳。同时,我想我会使得你们很多人首先选择留下来和我在一起生活,而不是首先选择回家过活了。"

这时,一个在场的居鲁士心腹萨摩斯流亡者高利特说道:"可是,居鲁士,有人说你现在的许诺是重大的,因为你处在紧要关头——因为你面临危险——而一旦交了好运,你将会把它忘得一干二净。还有人说,即使你不忘,而且也有意去做,你也会无法实现你的一切诺言。"听了这话,居鲁士便说道,"哎,诸位,我父王疆土广阔,南至无法居住的热带,北至无法居住的寒带。在这两极之间都由我哥哥的友辈分省区而治。如果我们获胜,我们将安排我们的人去督管这些省份。因此,成功之后,恐怕不是我将无物足以给予诸友,而是怕没有足够多的友人来分享。至于你们希腊士兵,我将额外给你们每人一套金花冠。"听了这话之后,官兵们更加满意,便把这话带给其他希腊人。这时有些士兵也要居鲁士驾临,要知道胜利时他们将得到什么。居鲁士使每个人的希望都得到满足才散去。这时,所有和他谈话的人都促请他驻扎在后方,不要亲自参加这场战斗。克利尔库斯乘机向居鲁士提出这样一个问题:"居鲁士,你认为你哥哥会同你打仗吗?"居鲁士说,"皇天在上,他会

的。如果他是道地的大流士和帕莉萨蒂斯的儿子、我的亲哥哥,不打仗我是不能赢得这个王国的。"

这时节,当部队集合整装待命时,希军计为一万零四百重甲步兵,两千五百轻盾[①],而居鲁士所部波军为十万,并有约二十辆滚刀战车。据报敌方为数一百二十万[②]及二百辆滚刀战车,此外还有由阿尔塔泽西斯本人统带的六千名骑旅列阵在国王身前。国王军中有四员将领,各自统兵三十万人。他们是阿布罗考玛斯,蒂萨弗尼斯,戈布律亚斯和阿巴赛斯。但是上述兵力当中只有九十万同一百五十辆滚刀战车参加了战斗,因为阿布罗考玛斯从腓尼基前来,晚到了五天,未能交锋。以上这些是战前叛离大王的人带来的消息,战后由战俘所做的汇报也相同。

由此处居鲁士又前进一站、三帕拉桑,带领全部希、波军队,列成战阵,因为他估计在那一天国王要来交锋。此日行程中途有一深壕,宽五哻、深三哻。此壕经过平原延向前方十二帕拉桑之遥,伸向米底亚长城[③]。沿着幼发拉底斯河,在河壕之间有一狭窄通

① 这些数字和以前所给的数字不符,至今未能考证出来加以说明。——英译者注

② 这个数字大概有些夸大。据希腊史家普鲁塔克记叙,国王的希腊医官克台西亚称其为 400 000。——英译者注

③ 手稿里后面还有文如下:"这里也有从底格里斯河流出的水渠。计四条,各为一普勒特隆宽,极深,运粮船来往其上,泻入幼发拉底斯河,相隔一帕拉桑,其上有桥跨过。"这一段一般都认为是增补的。色诺芬在卷二第四章十二节有形容。它从幼发拉底斯河向东北伸延到底格里斯河,为巴比伦人所建,显然是在纪元前第六世纪用以防御米狄人的。据说此城南部现已成废墟。这种说法可以说明(1)国王沟渠的需要,及(2)色诺芬此处不形容此城而只是在卷二中才加以叙述这一事实。——英译者注

道，宽不过约二十英尺。此壕[①]乃大王得知居鲁士在向他进击而修建作为防御工事的。因之，居鲁士及其军队经此通道行进，是在壕沟的里面。这一天国王并未前来交战，但却看到有大量的人马退却痕迹。这时居鲁士招来他的安布拉喜阿预卜官西拉努斯，给了他三千达利克。因为在此前第十一日供神时他告诉居鲁士国王十日之内不会来战，而居鲁士说过："如果他十日之内不战，那么他就根本不要打了；假若你的预言到时属实，我许给你十塔仑特[②]。"今十日之期既过，这金钱他便付给了他。既然国王没有在战壕出现来阻止居鲁士军队通过，居鲁士和其他人等便得出结论，认为他已放弃战意。因之次日居鲁士行动便比较大意了。第三天进军，他坐在战车上，只带了一小队人马在他面前列开，而大部队伍都散乱地行进，并且好多士兵的武器和装具都在由车辆和驮马运载着。

Ⅷ

当天晌午前[③]，快要到达居鲁士打算停歇的地方。居鲁士帐下一名亲信波斯人帕提基亚斯骑着一匹汗流不止的战马风驰电掣飞奔而来，以波斯语和希腊语逢人便喊道国王带领大军准备前来交战了。这时一阵大乱，因为希兵和其余全部人马实际上以为王

① 好像居鲁士的迅速前来使国王未能完成此渠。——英译者注

② 十个（雅典）斗银等于三千（波斯）达利克。一斗银（talent 塔仑特）是六十迈那，因之一迈那被认为相当于五个达利克。这个计数值和以前所说的不符，据解释是由于对比金价，银值那时比现在高得多。——英译者注

③ 即上午的中辰。——英译者注

军要马上对他们在措手不及的散乱情况下发起突攻。这时居鲁士从战车上跳下来，佩上胸甲，便上马，执枪传话让大家武装好，一律马上各就各位。于是他们便急忙就位，克利尔库斯占据希腊军翼右端[①]，靠近幼发拉底斯河；普罗克西努斯紧靠着他。其他的人在普罗克西努斯的外边排下去。梅浓率军占居在希军左首。至于波军，帕弗拉戈尼亚骑兵为数一千列在克利尔库斯旁边右翼，和希腊轻盾一起；左边是居鲁士的副官阿里柔斯和其余波军。中央是居鲁士及其骑兵约计六百。这些部队全都佩戴胸甲和护胫，而且除居鲁士外都顶戴铜盔——居鲁士则免盔出战——所有战马都有额甲和披胸，而战士们除其兵器外还佩戴希腊军刀。

时至中午，敌军仍未出现。但到了下午便见到升起一阵烟尘，起初像是一团白云，但过了一阵便像是平原上漫长地伸展起一道黑烟。敌人越来越近，立刻便各处闪耀着武器寒光，这时枪矛、敌阵士兵便可见到。有佩戴重骑胸甲的马队在敌军左翼，据报由蒂萨弗尼斯指挥；接着是带有藤盾的士兵，再接着是手执长及足部的木盾的重甲步兵，这些据说是埃及人。接着有更多的马兵和更多的弓兵。所有这些队伍都按民族分队列阵前进，各自成一紧密方阵。在他们前面是所谓滚刀战车，彼此之间有一些间隔；所带的滚刀从中轴往两旁伸出，也装在车身下，指向地面，以便能把所碰到的一切切割碎裂开来，其意图是直驱插入希军兵阵，将队伍捣烂。居鲁士以前召集希军说让他们要面对波军吼叫坚韧不动，这一点

① 即希军整体形成居鲁士全军的右翼。他的波军构成中间和左翼。克利尔库斯和梅浓则分别居于希军队伍的右翼和左翼。——英译者注

他错了;因为他们走近前来,并不喊叫,而是无声无响、极度寂静,步法缓慢而匀整。

这时节居鲁士乘骑沿队前进,只带着他的译官庇格瑞斯和其他三四个人。他喊令克利尔库斯带领所部向敌军中央进击,因为国王守阵在那儿,并说,“如果在这儿得胜我们的全部任务就完成啦。”但是克利尔库斯,因为他看到敌军中央列队坚实,并听居鲁士说国王在他的左翼之外(因为国王军队数量比他们多得多,以至虽然位居本队中央,他也超过居鲁士的左翼),不愿把右翼从河边引开,怕的是他会两侧受敌。他回答居鲁士说,他将会安排一切顺利进行。

在这紧急关头,国王的军队匀整前进。而希腊部队仍原地不动,还在等待后面上来的人整队。这时居鲁士骑马沿着离他的队伍一段距离顺道巡视,往敌、友两方观望。一个雅典人叫色诺芬[①]的从希军队伍中看见他,便走上前来迎会,问有没有什么吩咐。居鲁士停下马来,嘱咐色诺芬告诉大家祭牲和征兆都好。说这话时,他听见列队中间传来喊声,便问是怎么回事。色诺芬答说这是在复传口令[②]。居鲁士不知是谁传出来的,问口令是什么。色诺芬答说是“宙斯救主和胜利”。居鲁士听了之后说,“好啦,我同意,就算是这个吧。”说完这话之后他便驰马回到他的本位。

最后敌对双方兵列相距不到三四司塔迪。这时希军响起颂歌,开始向敌人进击。当他们行进时,方阵的一部分冲出,落在后

---

① 即本书作者。他总是以第三人称论自己。——英译者注

② 即又转回来,从尾到头。——英译者注

面的人们便开始奔跑。同时他们都发出了对战神的呐喊声，全军都一齐开跑。据说其中也有些人以矛击盾作响来吓唬敌军马匹。这样一来，一箭未发波军便败阵而逃。希军随即全力追击，但同时彼此呼喊相告，不要匆急乱跑而要在追击中保持阵容行列。至于敌军方面的战车，有的冲过自己的队列，可是另外一些也闯入希军行列，但是却没碰上驭手。每当希军看到敌队前来，便摆开一个缺口让他们通过。不错，有一个人被捉住了，像个在赛跑跑道上晕头转向的汉子，但据说连这个人也没受一点伤。希军队伍中，除左翼有个人被射中一箭外，另外没有一个人在这场战斗中受伤。

居鲁士看到希军战胜对方师旅，并在追击；虽然他高兴，并且侍从官这时已向他称王致敬，但他却不想参加追击。这时他只是将他的六百轻骑严守阵式，在观望国王动静。他知道国王镇踞波军中央。实际上所有波军将官在指战时都各自居于所部中央，因为他们认为这是最安全的地位，即把兵力布在他们两旁，如果要传令时也可节省一半的时间便可传遍。这时国王据守所部军队中央，但是他本人还在居鲁士左翼之外。那么，既然他自己和列阵在他面前的队伍所向无人交锋，他便把队列迂回起来想包抄敌军。

这时居鲁士生怕他会迂回到希军背后把他们分割断开，便向国王冲上前去迎战。以他的六百兵力战胜了国王前面所列队伍，并使其六千兵力溃逃，据说还亲手杀了指挥官阿尔塔革赛斯。但当敌军溃逃时，居鲁士的六百兵力前去追击也散开了。他身边只留下很少的人，大部分是他的所谓同桌陪伴亲信。这时他看见国王及其周围密阵，立时便不能自控，大喝一声“你在这儿”，便冲上前去向他的胸膛猛击，穿其胸甲，刺伤了他——医官克台西亚这样

讲，并说他本人亲自为其治疗创伤。

可是，当居鲁士发出这一冲击时，有人用投枪重重地击中了他的眼睛下部。这时国王和居鲁士各自的随从和支持者之间展开了一场争斗。国王这边阵亡的人数由当时的随从医官克台西亚点清；另方，居鲁士本人被杀，他的最高侍从当中，有八名战死在他的身上。据说居鲁士的最忠诚的追随者内侍大臣之一的阿尔塔帕特斯，当他看到居鲁士阵亡，便从马上跳下来投身把居鲁士抱住。有的说国王命人把他杀死在居鲁士身上，也有另外的人说他拔出匕首亲手杀死自己。他有一把金匕首，他也佩戴项链、腕镯和最高贵的波斯人所佩戴的其他饰品；由于他的忠诚、友情，居鲁士对他倍加尊崇。

Ⅸ

这样居鲁士便结束了他的一生。凡是被认为深知居鲁士的人都承认，自大居鲁士以来他是最有王威、最有治世之才的波斯人。第一，当他仍是幼年和其兄等人一同受教育时，他便被认为是他们当中在各方面最好的一个孩子，因为所有最高贵的波斯人子弟都是在国王朝廷受教。在那里他们充分学习审慎明断和自制；所闻、所见绝无卑贱。这些儿童眼前所见景象都是一些国王崇敬的人物和另外一些受鄙辱的人；他们所听的也是这些；从最早的幼年起，他们便学习如何治国和如何受治。这里，首先居鲁士被认为是同辈中最谦虚的孩子，甚至对地位比他低下的长者还更为服从。其次，他最爱马，并精于治马。他也被认为最恳切好学，并最勤于练习军事技术，如弓箭射术和投枪。到了合适的年龄，他最爱狩猎，而且还最爱在追猎野兽时不避艰险。有一次，当一只熊向他袭击时，他坚决不逃跑，而是和它格斗被从马上拉下来。他受了一些伤，伤痕一直保留下来，但最终还是把熊杀死。此外，凡是率先帮助他的人，他总是优礼相报，令人生羡。

还有，当他被父王派出去做吕底亚、大弗里吉亚和卡帕德西亚总督并任命为集结在卡司特卢斯平原全部军队司令官时，首先是他最重信义；和任何人结约、协议，或做出任何许诺后他无论如何从不食言爽约。正是由于这个原因，各个城市都信赖他，并置身于他的保护之下，而各个人也都对他信得过。曾与他为敌的人，当居鲁士同他结约之后，也相信不会受到违反条约的伤害。因此，当他与蒂萨弗尼斯交恶时，除了米里图之外，各城都自愿投靠居鲁士，而不愿靠蒂萨弗尼斯。米里图人之所以怕他，是因为他对米里图流放者忠诚不渝；因为在行动上和说话上他屡次表现出，一旦和他们结为友人他永不要背弃他们，哪怕是他们人数变得更少，或是遭到更大的不幸。

很显然，每当有人对居鲁士做了任何好事，或坏事，他总是努力加重报答。实际上有人常说，他经常祈祷长命以便能恩对恩，怨对怨，加重相报。因此他比我们时代任何一个人都有更多的朋友追随。他们恳切地以财宝和城市，甚至生命和身体相委。可是，另一方面，没有人能说他容许犯罪分子和恶人取笑他。相反，他对这些人是极端无情的。人们时常可以在行经的路上见到被砍掉手、脚或挖掉眼睛的歹人。所以，在居鲁士的境内，希腊人或波斯人如不犯过错，都能够随身携带对他们有用的东西随处来往，安然

无惧。

但大家都一致认为他特别崇敬战争中的勇士。例如,有一次他跟庇西狄人和米西亚人交战,亲自指挥一次对其疆土的征讨。凡是他在军中发现的勇敢不畏艰险的人,不仅被委任为所征服地带的治理长官,而且事后还奖以其他厚礼。所以我们看到勇士们最为豪华富足,而懦夫被认为只配去当他们的奴隶。居鲁士有一大批每当他们认为能被察觉时便心甘情愿为他赴汤蹈火的人。至于为人正直的品德,如果有人在这方面表现突出,居鲁士认为很重要——使这样一个人比那些贪取不义之财的人要生活比较富足。因此,他不仅有很多的各种任务让大家为他忠实地完成,而且特别是他有一支名副其实的军队为他忠心服役。对于那些为了钱过海来为他服役的将领、队长来说,都断定忠心服从居鲁士比他们每月得到的薪饷更值得。再者,只要是为他出色地完成指定任务的人,居鲁士从不亏待他们的热情。因此,据说他在每一个事业上都能得到最好的支持者。

还有,每当看到一个人治理事务公正精明,不但能治好所辖地区,而且能上缴税收,居鲁士从不解除他的职守,而总是要扩大他的辖土。结果是他们乐于努力工作,满怀信心地积累财富,而且是没有人对居鲁士隐瞒他所已经积得的财富,因为都清楚,他不嫉妒坦率公开的富者,而是尽量动用那些企图隐瞒财富者的所有。

至于交友,全都承认他对所有交下的朋友——那些证明忠于他并在他所想完成的任何事业中能够称职的协作者,优渥备至。因为,正如他本人需要朋友的确切目的是能够得到协作者一样,在他本人方面,对帮助每个朋友在达到各自目的的心愿上也表现为一位极为热情可靠的协作者。此外，我想他比任何一个人都得到更多的赠礼。理由是多方面的：无疑在所有人当中，向朋友分赠礼物他最为慷慨，而且注意到每个人的爱好和每次的任何特殊需要。人们赠与他本身的穿着佩戴，无论是为作战用的或是装饰用的，据说他认为他本身不能装饰上所有这些东西，而使朋友们名贵地装饰起来才是一个人的最伟大的装饰。当然，他在施惠方面的慷慨大方胜过他的朋友这一事实毫不足怪。很明显的原因是他比他们富有。但是他的助人更为真情、恳切，我认为是更为可羡。例如，当居鲁士得到一些特别佳酿时，他时常把饮余的半瓶送给一个朋友，附言如下："居鲁士说他好久未曾碰到这样的好酒了，所以把它送给你，请你今天就邀同你的最好的朋友把它饮尽。"他也时常送半只鹅、面包等物，让使者附言："居鲁士吃着好，因此让你也尝尝。"在极度缺乏草料的地方，由于他仆人多，又因为计划得好，他能够得到自用的草料，但他总是把这草料分与朋友，让他们喂其自乘之马，以免乘骑时感到饥饿。每当他行军，常在众目睽睽之下把朋友召到跟前和他们恳切谈话，以表示他对谁敬重。所以就我所听到的，至少我可断言，没有一个人，希腊人或波斯人，为更多的人所爱戴。下面有件事可以证实我的结论：虽然居鲁士是一个属民[①]，但没有人背弃他投奔国王，除掉那个奥戎塔斯曾试图那样做（而他，请注意，很快便发现他认为忠于他的人是更忠于居鲁士的）。另一方面，在国王和居鲁士成仇之后，很多人背弃国王投奔

① 希腊文中这个词英文虽然译作 slave（奴隶），希腊人却习惯上用于指专制君主的属民、庶民，特别是波斯王的属民。——英译者注

居鲁士(而且这些人是国王所最器重的),因为他们想,如果他们表现好,他们会在居鲁士手下比跟着国王得到更好的报答。再者,在居鲁士阵亡时发生的情景有力地表明他本人是一个真正的人,而且他知道怎样判断那些最忠心、诚恳、可靠的人。当他死了的时候,所有护卫的朋友和亲密伙伴,除了阿里柔斯之外,都为了保卫他而战死。这时阿里柔斯正值位于骑队前的左翼,当他得知居鲁士阵亡时,他率领所部全军弃阵逃走。

X

居鲁士的头和他的右手被砍掉。国王追逐阿里柔斯,冲入居鲁士营地。阿里柔斯及其士兵不再据阵抗击,而是由他们自己的营地逃回到当天早晨出发时的停留地,据说有四帕拉桑的距离。这时国王及其队伍开始抢劫大量各种财物,特别是他俘获了居鲁士的妾夫人,一个非常伶俐、漂亮的佛开亚女人。可是比较年轻的那个米里图女子在被国王的兵抓到之后逃脱了,轻衣单薄地跑到一些希腊兵那里。这些兵正值在行李辎重队间站岗守卫,便列开队伍迎击敌人,杀死了不少抢劫者,虽然他们自己人当中也有被打死的。但是他们不弃阵逃走,而是解救了这个女子,而且也解救了其他一切来到他们阵前的,无论是人还是财物。

在这时候,国王和希腊人彼此相距约三十司塔迪。希军在追击他们前面的敌军,以为他们击败全部敌军;国王及其所部大事抢劫,以为他们已获全胜。可是当希军得知国王及其军队进入了他们的辎重队时,国王方面从蒂萨弗尼斯处听说希军击败迎面部队,还在前进追击，国王便把他的队伍召集在一起，列成战阵。而克利尔库斯则召见普罗克西努斯（因为他列队离他最近），和他商量是否应派一支分队还是全力赶到营地去支援。这时希军看到国王好像从他们后方逼上前来，他们于是便迎面进军，准备如果国王奔向这方[1]，便予以痛击。但是国王并未向这方来，而是沿着原来打居鲁士左翼外边经过的路线转回去了。在回程中国王不只把交战时背逃到希军方面的人带走，而且也带走了蒂萨弗尼斯和他的部队。蒂萨弗尼斯在第一次交锋中并未弃阵逃走，而是沿河冲过希腊轻盾步兵；在通过时他没有杀死任何人，而希军在为他的兵开一阵口之后，便在他们通过时予以打击，并向其投掷标枪。希腊轻盾兵指挥官是安菲玻里的埃皮忒尼斯，据说他是一个聪明精干的人。总之，在蒂萨弗尼斯这样狼狈逃脱之后，他没有再转回来，而是奔向希军营地，在那里和国王会合。就这样，他们重整了队伍，一起前进。

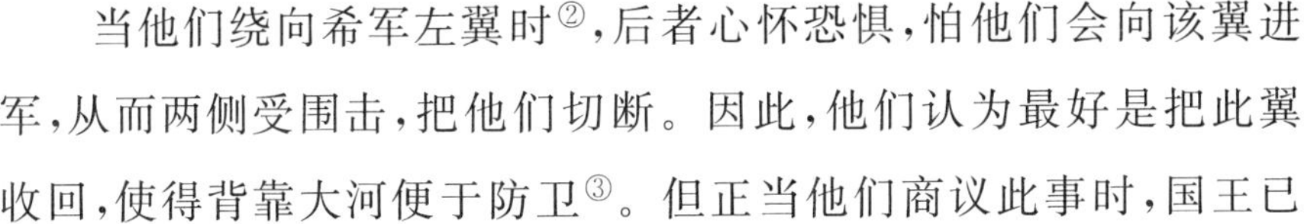

当他们绕向希军左翼时[2]，后者心怀恐惧，怕他们会向该翼进军，从而两侧受围击，把他们切断。因此，他们认为最好是把此翼收回，使得背靠大河便于防卫[3]。但正当他们商议此事时，国王已

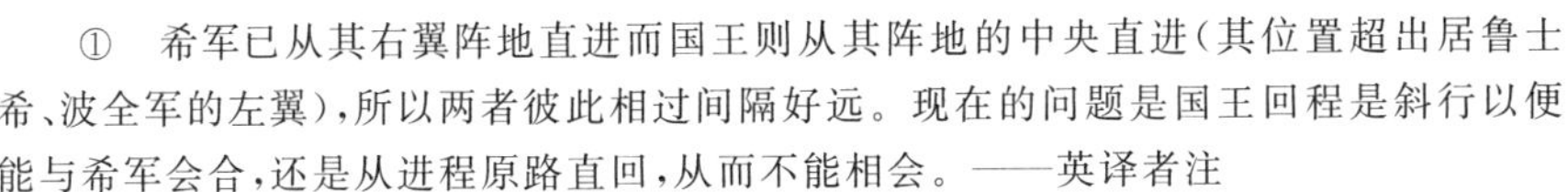

① 希军已从其右翼阵地直进而国王则从其阵地的中央直进（其位置超出居鲁士希、波全军的左翼），所以两者彼此相过间隔好远。现在的问题是国王回程是斜行以便能与希军会合，还是从进程原路直回，从而不能相会。——英译者注

② 这时节两军的前队约在同一直线上；方向相对而且每方都是在与第一仗的相反方向。要注意色诺芬所说的希军“左翼”是原来阵式的左翼但现在变成右翼了。——英译者注

③ 现在希军队列，和开始一样，与幼发拉底斯河成直角。此处所叙行动（若是完成）会使得它与河成平行，而后者成为其后方的一种防卫。——英译者注

经变换成和他们一样的阵形，并向他们摆开阵势，跟第一次和他们对阵时一样[①]。这时希军看到敌人来近，并摆好战阵，他们便又响起战歌，冲向前去进击，比前次更加急切。这次波军又未应战，而在离希军比前次更远的地方便弃阵而逃。希军追击到一个村庄便在那儿停了下来，因为村前有一座小山，国王及其随从在此山集拢下来。这时他们不是步兵了，山上满是骑兵，希军看不出是怎么回事。据说，他们确实看见皇旗，盾牌上踞一金鹰，高高升在旗杆顶上。但当希军又向前行动时，这些骑兵便立刻开始离开此山。在离去时他们并不靠拢在一起，而是向不同方向分散而去；山上逐渐消逝了这些骑兵，直到最后他们完全不见了。这时克利尔库斯并未领兵上山，而是停在山脚下，派叙拉古人吕修斯和另外一人到山顶，吩咐他们观察一下山那一边有什么情况前来向他回报。吕修斯驰上前去看了之后，回来报告说：敌军在仓皇逃跑。约在此刻日已西沉。

这时希军停止前进，放下武器，开始休息。同时他们纳闷，怎么居鲁士在哪儿都没有见到，而且也没有人从他那里来过。因为他们不知道居鲁士已死，而是在猜想他不是追击敌军走开了，便是冲向前去占领某个地点。于是他们自己商议是应该留在原处不动而把辎重队移来，还是回到他们的营地。他们决定了回去。约在晚饭时刻到达他们的营帐。这一天便这样结束了。他们发现他们

① 色诺芬好像是说这时国王移向右方直到他的翼侧（和希军一样——见前注）靠上幼发拉底斯河。因之，两军又彼此正面相遇，虽然位置相对反了过来（见前注②）。——英译者注

的大部财物被抢劫，特别是所有一切吃的、喝的东西。至于那些满装面粉和酒的车辆（据说有四百辆），本来是居鲁士准备在军队遇有严重急需时能分配供应给希军的，也给国王和他的兵队抢劫了。结果弄得大部希军没有饭吃。他们也没有吃早饭，因为在部队要停下来吃早饭之前国王便出现了。就这样他们度过了这一夜。

卷　二

I[1]

破晓时分，将官们聚到一起，他们纳闷居鲁士既没有派人来说怎么做，本人也没有露面。因之他们决定把所有的东西打点好，武装好，向前推进，直到可能和居鲁士会师。正当他们要出发，太阳刚出来的时刻，透忒拉尼亚长官拉孔尼亚人达马拉图斯[2]的后裔普罗克利斯来到。跟随他的还有塔摩斯的儿子格卢斯。他们报告说居鲁士已战死，阿里柔斯逃了阵，现在和其余的波军一起在前一天他们出发时的停留地点。他还传话说，那天他和他的部队在等待希军，也许他们打算和希军会合。但是次日，阿里柔斯说，他要动身返回爱奥尼亚——他们来自那个地方。将官们一听到这个消

---

① 手抄本除卷六外，在卷首都有上卷的希腊文提要，所有这些提要一定是后来的编者所加。——英译者注

上卷提要：前卷记叙了在居鲁士打算对其兄王阿尔塔泽西斯进行征讨时如何为他征集了一支希腊军力，在长征中发生了什么事情，如何进行了这场战役，居鲁士如何死亡，希军怎样回到他们的营地躺下休息，以为他们在所有各点上都获胜而居鲁士仍然活着。

② 斯巴达一位国王，纪元前四九一年被推翻，逃往波斯，后来随同泽尔士征讨希腊。透忒拉尼亚（在西部小亚细亚）是泽尔士酬劳其服役所给予他的领土的一部分。——英译者注

息非常难过。其余的希军部队得知后也很悲伤。可是克利尔库斯说道，“好啦，但愿居鲁士还活着！但他既然是死了，请带回话去给阿里柔斯：我们这方面可是已经击败了国王，正如你所见到，没有敌人可打了。若是你们不曾来的话，我们将已是直捣国王所在，并予以追击了。我们向阿里柔斯做出许诺，如果他来这儿，我们将立他为王，因为战争中取胜者也有统治之权。”说罢他便遣回信使，并打发拉孔尼亚人客里索甫斯及塞萨利人梅浓同行；这是梅浓本人的愿望，因为他是阿里柔斯的密友和客卿。

这样他们便起身离去，克利尔库斯等待他们回转。同时部队把辎重队的牛、驴杀掉，尽可能地准备给养。至于燃料，他们从阵线往前走不多远到了作战的地方，收集到好多支被迫逃离国王的波军遗弃的箭、藤盾牌及木制埃及盾牌做燃料。此外，还有很多轻盾和车辆可以带走，这些都是波军所丢弃的。所有这些东西他们用来烧火、煮肉，就靠它过了这一天。

现在约到半晌午正市时间。国王和蒂萨弗尼斯派来使者，只有一个希腊人，名叫法利努斯，其余都是波斯人。他当时正跟随蒂萨弗尼斯，并受到重用，因为这位法利努斯自命精于战术及指挥重甲步兵。当这些使者到来时，他们求见希军首领，宣称国王既已获胜并杀死了居鲁士，指令希军放下武器奔向国王朝廷去求取可能得到的恩典。国王使者的话使希军大怒。但克利尔库斯却只说，放下武器的不应是我们胜利者。他接着说道，“可是，各位将官弟兄们，请你们看着办，给这些人你们认为可能给的最合适、最体面的答复。我去去便马上回来。”因为克利尔库斯正好在做献祭，他的一名仆人前来请他去看从牺牲中取出的命官要脏。

这时将官当中年事最长的阿卡狄人克里安诺做出回答说，他们宁死也不能放下武器。底比斯人普罗克西努斯说："法利努斯，我倒是想知道，国王要我们的武器是认为他战胜了，还是作为礼物，认为我们是他的朋友。因为，若是作为胜利者，为什么需要来求取而不来夺走呢？但若是想劝说取得，让他说明，如果士兵们赏光应允的话将要得到什么好处。"对此法利努斯答道："国王相信他是胜者，因为他已经将居鲁士杀死。现在还有谁跟他争夺天下呢？再者，他认为你们也是属于他的，因为他把你们困在他的境内，周围是不可逾越的河流，而且因为他能派一支大军前来镇压你们。兵力之众，就是交到你们手中你们也无法杀死。"这时雅典人条波普斯说："法利努斯，此刻，你自己可以看出，我们别无所有，只有武器和勇气。如果保有武器，我们想我们也可以发挥我们的勇气；如果放弃武器，我们也就没有命了。因此，不要妄想我们向你们放弃我们所仅有的东西；我们倒是宁要凭此对你们作战而也夺取你们的所有。"听到这话，法利努斯笑了，说："嘿，小伙子，你讲起来像一个哲学家，你讲的还真不错。可是，如果你以为你们的勇气能胜过国王的力量，那你就是个大傻瓜了。"传说也有几个人软了下来，并说正如他们效忠居鲁士，国王若是愿对他们友好，也可能对他有好处。他可以雇用他们做各种事，或许进击埃及；他们是乐于帮助他征服埃及的。

这时节克利尔库斯回来了，问他们是否已经给予了答复。法利努斯插嘴道："克利尔库斯，这些人各自说法不同，请你说说你自己的意见吧。"克利尔库斯回答说："法利努斯，我本人是很高兴见到你的，而且我想其他人也一样。因为你是一个希腊人。我们也是希腊人，其人数之多你可以自己察看。现在我们的处境如此，关于你所提之事，请你给我们出个主意该怎么办。诸神在上，请你一定给我们出个你认为最好的、最高尚的主意，也好将来使人尊敬你。那时传出去说：'有一次国王派法利努斯去命令希军归降交出武器，他们听取他的意见，他出了这样的主意。'你晓得，你出什么主意将来一定都要在希腊传开的。"克利尔库斯提出这个狡猾的建议是希望这位作为国王使臣的人会建议他们不要放下武器，而这就使希军能更有希望。但是和他的预料相反，法利努斯也要了个花招，说："我看，如果对国王作战你们能有万分之一的希望得救的话，我劝你们不要放弃武器；但若是不经国王许可你们自救无望的话，我劝你们还是要设法得救。"对此克利尔库斯回答说："好啦，既然你这么说，请你带回话去说，我们的意见是，如果与国王友好，我们保有武器比交给别人更能成为可贵的朋友；如果和他交战，我们保有武器比交给别人能更好地交战。"法利努斯说道："那么，我们就带回这个答复吧。但是国王嘱咐我们也要告诉你们，若是你们停留此地不动，可以休战；若是你们前进或后退，便要交战。因此请你们也对这一点表态说清：你们是要停留此处休战呢，还是说你们要开战？"克利尔库斯答道："那么，请你回去报告说，在这一点上我们和国王的意见完全一样。"法利努斯问："那么这是什么意思呢？"克利尔库斯答道："如果我们留此便休战，进或退便开战。"法利努斯又问："那么我回报休战呢还是开战？"克利尔库斯又做了同样答复："留则休战，进或退则战。"他打算怎么做，到底没有说明。

Ⅱ

这样，法利努斯及其同伴便动身回去了。但是阿里柔斯的使者到达——只是普罗克利斯和客里索甫斯，因为梅浓跟阿里柔斯一起留在后面。他们报告说阿里柔斯认为有很多比他自己职位高的波斯人，他们不让他做国王。"但是"，使者接着说，"如果你们愿意跟他一道回程，他让你们立刻来，趁着夜晚，否则，他说他要明早起程了。"克利尔库斯说，"好啦，就这样吧：如果我们来，就像你所应许的那样做；如果我们不来，那你们就自己认为怎样做最有利就怎样做吧。"可是他究竟打算怎样做，根本没有告诉他们。

此后，当太阳已经在西沉时，他把将官和队长们召集到一起，说道："诸位，当我祭神时，卜兆不利于向国王进击。征兆不利很有道理。现在我查明我们和国王之间有底格里斯河，这是一条航行河道，没有船我们过不去——而船我们是一只也没有。另外一点，我们也不可能停在此地，因为得不到给养。但是征兆预示我们去和居鲁士的友人会合非常有利。那么，你们就这样去做吧。你们去，各自有什么吃的东西去吃点。就寝号一吹响就打点行装；第二遍号一响就把辎重上驮；三遍号时跟上前锋队伍前进；使驮兽靠近河的一边，重甲兵在外边。"听了此言，将官们和队长们便前去照克利尔库斯的话行事。从此以后，克利尔库斯发布命令他们都服从照办。并非是他们选举了他，而是他们看到只有他具备一个将官

所应有的才能和智慧，而别人都没有经验[①]。

后来，天黑之后，色雷斯人弥尔托西特带领部下骑兵四十和约三百名色雷斯步兵叛逃投奔了国王。但是克利尔库斯本人率领其余部队按照以前发布的计划执行，大家都跟着照办。他们来到第一个停留地点，约午夜时分，在那里和阿里柔斯及其军队会合。那时节，在全副武装保持阵容稍事停留时，将官和队长们跟阿里柔斯开了一个会。双方——希腊军官和阿里柔斯及其高级随从——对神明誓彼此互不背叛，结成盟友。同时波军做出另一保证，忠实引路绝不欺骗。郑重严肃，他们在盾牌上奉献了牛、猪、羊各一头；希军以刀、波军以矛，行了歃血为盟的誓礼。明过誓愿之后，克利尔库斯说道："阿里柔斯，现在既然是你我同道，请你告诉我们你打算采取什么路线——我们将由来路原道返回呢，还是你想另外有更好的路线呢？"阿里柔斯答道："如果照原来路线返回，我们会全部饿死，因为现在我们没有任何给养。就连我们往这儿来的路上，在最近十七站当中我们没有能够从当地得到任何东西。有些东西我们也在行军当中完全消耗尽了。因此，现在我们打算采取另一路线。此路肯定是长些，但我们可以不缺给养。我们行军的前几段必须走得越长越好，以便使我们自己离开国王有了两三天路程的距离。他那时将不能赶上我们，因为以一小部军队他不敢追击我们，而大队人马他将不能进军很快；而且他还或许会缺乏给养。"他

① 他们从爱奥尼亚的以弗所到战场的行程计长九十三站，五百三十五帕拉桑，或一万六千零五十司塔迪。从战场到巴比伦的距离据说是三百六十司塔迪。——英译者注

说，“这就是我个人的意见。”

这个行军计划简直就是一个偷偷地或是迅速地完成逃跑的计划。但是运气安排得更好些。天亮时他们上路，保持右手边靠太阳走着，计算日落时到达巴比伦的村庄——这会很顺利。但是还在下午时分，他们认为看到了敌人骑兵。这时正值离开行列的一些希兵迅速奔向行列。阿里柔斯因为受伤乘车赶路，便下了车，穿戴上胸甲；随从们也照样行事。可是当他们正在武装自己时，先头派去的探子回来报告那并不是骑兵，只是驮兽在吃草。当下大家便意识到国王驻扎在附近某地——的确，在不远的村庄里看到了炊烟。

克利尔库斯不朝敌人前进，因为他晓得他的队伍既疲惫不堪，又缺粮少食，而且天色已晚；但他也不愿转向一旁，因为他要极力避免显出是在逃跑。他在前头领着队伍一直向前，黄昏时和前锋队伍一起扎营在最近的村庄上。这些村庄连房屋木料都被国王的军队抢劫一空。这些先头部队扎营摆成一定的阵式，后面的兵在黑暗中走上前来便不得不各自设法露营。他们彼此招呼，嘈杂声高，以至敌人也听到了。结果是离着最近的敌人竟然弃营逃跑。次日一看，便一目了然，因为连一头驮马也见不着。近处各地既没有了营帐，也没有了炊烟。好像连国王也被军队的接近吓坏了。第二天他的行径便说明了此点。可是当夜深下来的时候，希军也觉得有些惊恐，有些混乱嘈杂，正像一支军队惊恐时所常有的情况。克利尔库斯当即指派最佳传令官伊利斯人托尔米德（当时他正作为先驱传令官守在克利尔库斯身边）在命令保持肃静之后，宣布了他的告示：“司令部公告，凡是检举放跑驴扰乱军备的人将获

得赏银一斗。”这告示出来后，士兵觉得他们的恐惧是毫无道理的，他们的指挥官是安全无恙的。破晓时分克利尔库斯命令希军武装起来，列开阵式，正如战争开始时那样。

Ⅲ

我刚才讲到国王被希军的接近吓坏了，这由下面这件事可以看清：虽然前一天他派人命令他们投降，现在，天亮时他却派使者讲和来了。当这些使者到达外沿岗哨，他们求见指挥官。岗哨通报后，正值检阅队伍的克利尔库斯吩咐说他现在无暇，让使者等候。他把队伍摆好，从哪一面看都成为一个坚实的方阵，重甲步兵队列之外一个人也看不到。这时他召见来使。他本人带领着他的最好的装备和仪表最好的队伍走上前来，并且嘱咐其他将官也这样做。和使者一一见了面，并问他们有什么事。他们答说前来议和休战，并授权转达国王对希军的建议和希军对国王的建议。克利尔库斯回答道：“那你们回去告诉他，我们必须先打一仗，因为我们还没有吃早饭。除非对他们供应早饭有谁敢向希军谈休战呢。”听罢此言，使者乘骑而去，但很快便又回来。这表明国王或是另一个受权进行谈判的人是在近处某个地方。他们说，希军所说，国王认为合理。现在他们带来向导，如休战谈妥时，便可领希军到一个地方可以得到给养。这时克利尔库斯问谈判休战是只对这支来去的队伍还是也包括其他的人。使者答说，“包括全部人马，直到你的意见带到国王那里为止。”说完这话时，克利尔库斯让他们退下，便和大家商量此事。都认为最好迅速约定休战，以便能不受扰害

去弄到给养。克利尔库斯说："我也同意这样做，可是我不马上去这样说，我要耽搁到使者担心我们决定不订约休战。当然啦，我想我们自己的兵也会同样感到害怕。"因此，当他认为好像是到时候了，便去对使者说他接受休战，让他们立刻带路去弄给养。

这时来人便去领路。但是克利尔库斯虽然订好休战，却使他的队伍保持进军的战斗队形，并且自己指挥着后卫部队。他们总是碰到壕沟，水道充满了水，没有桥便不能越过。他们便用倒下的和自己砍伐的一些棕树制做了一种桥。这时我们能够很好地看到克利尔库斯如何指挥用兵。他左手执枪，右手持棒。当他认为其中有人执行勤务不力时，他便准确地指出此人，予以打击；同时他自己也投身泥泞协力去干。结果是每个人都不甘落后，拼命干活。指派去做这项工作的人全是三十岁以下的壮丁，但是上了年纪的人见到克利尔库斯那样紧张拼命，便也干了起来。这时克利尔库斯更加急切，他怀疑这些沟并不是永远这样充满水的，因为这不是浇灌田地的时候。他猜疑是国王放水流注田地，正是想使希军在这一行程中一开始便在面前看到很多使他们害怕的事情。

行军的结果是来到向导让他们弄给养的村庄。在这些村庄里有大量的粮食和棕果酒，还有一种用同样材料烧煮制成的酸味饮料。至于棕枣本身，在希腊能见到的那种拨给了仆役，留给主人的则是精选佳品，非常好看，个头又大，颜色完全像琥珀一般。另外一些则晾干贮藏做成果脯。这些棕枣在饮宴上也是一种美好佳肴，但是易致头痛。在这里士兵们也第一次吃到棕冠。他们多数人引以为奇，不只是因为其形甚美，而且它具有一种特有的味道。但这种东西也非常容易招致头痛。棕冠从树上摘下之后，整棵树

便要枯萎。

在这些村庄他们停留了三天。这时大王派来使者蒂萨弗尼斯及王后兄弟和另外三名波人;还有好多庶民随从前来。当希军将领会见他们时,蒂萨弗尼斯通过译官开始讲话如下:"希腊将兵们,我在家乡和你们是近邻。当我看到你们陷入重重困难时,我认为若能设法得到国王许可,带你们安全回到希腊是一件幸运的事。我想我不会得不到你们和全体希腊人的感谢的。在得出这个结论之后,我向国王提出请求,说他应当合情合理地答应我这件事。因为我是第一个向他报告居鲁士对他造反的;报告的同时我对他给予援助;因为和希军对阵的各军当中,我是唯一没有弃阵逃跑,而且冲锋陷阵直抵你们营地和国王会师的。国王是在跟我一道来此的这些最忠于国王的人的帮助下杀死居鲁士,追击居鲁士部下波军,到达你方营地的。他答应考虑我的请求,但同时他让我来问你们,究竟为什么理由跟他交战。我劝你们平心静气、克制地做出回答,以便我能更容易为你们在他手下得到什么好处。"

这时希人便退下去商议,然后他们由克利尔库斯代言做出答复:"我们既不是集合起来想要对国王开战,也不是进军反对国王。但居鲁士总是寻找很多借口,这你们也很清楚,以便他能出于你们不备,把我们带到这里。可是,当我们看到他处境危险时,我们在神和人的面前觉得不忍背弃他,因为从前我们一直在受到他的关怀恩遇。现在既然居鲁士已死,我们一不要同国王争天下,二不要没有理由地想损害国王的疆土,也不想杀死国王其人,而只是要回转家园,若是没人阻挠的话。但如果任何人要伤害我们,我们凭天神保佑将以牙还牙。另一方面,如果任何人对我们友好而予以照

应的话，我们将尽力之所及加倍报答。”说罢，蒂萨弗尼斯听后开言道：“我将把此话传回给国王并把他的回话带给你们。在我回来之前，维持休战，我们将为你们提供一个市场。”

次日他并没有回来，因此希军有些焦急。但是第三天他来了，并说他已得到国王许可救援希军，虽然许多人反对这一计划，说国王不应当让进军反对他的人逃脱。最后他说：“现在我们提出保证，你们经过的地带将对你们实为友好，我们将忠实地带领你们回转希腊，对你们提供市场，并且，在不可能购买给养的地方，允许你们从这个国家得到给养。同时，在你们方面，必须向我们保证，实实在在地，途经之地友好相待，不加扰害。只有当我们不提供市场时才能从当地索要吃喝。但如我们提供市场时，你们需要通过买卖得到给养。”这样商定之后，蒂萨弗尼斯和王后的兄弟便发立誓愿，向希腊将官、队长伸出右手作出保证；希军方面也同样向对方盟誓。事后蒂萨弗尼斯说道：“现在我要回到国王那里去了。但是当我完成了我的愿望时我将返回，整备齐全，带领你们回转希腊，我自己也要回我本省家乡。”

Ⅳ

此后希军和阿里柔斯彼此扎营相近，等候蒂萨弗尼斯二十余日。在此期间，阿里柔斯的兄弟及其他亲属前来看他，还有些波人来看他的随从。他们总是鼓励，并给他们当中一些人带来国王的保证，说国王不会因为他们跟居鲁士进击造反或任何其他过去的事情而对他们怀怨。在这些事情进行中，阿里柔斯及其随从显然对希军不大重视了。因此，这又使大部希军对他们不高兴。他们到克利尔库斯和其他将领那里，并说："我们为什么这样耽搁着？难道我们还不明白，国王一心恨不得一下子把我们毁掉，也好使其他希腊人不敢向他攻击？这一阵子他在阴谋使我们待在这儿，因为他的军队分散了；但当他重整兵力之后，毫无问题他要攻打我们的。也许他在某些地方挖掘壕沟或垒筑长墙要把我们切断，使我们无路可行。因为，只要他有办法，他绝不会愿意让我们回转希腊，说我们虽然人少，却在国王门前获得胜利，当面嘲笑他，然后又回到家乡。"对这样讲话的人克利尔库斯答道："我也心里盘算了这些事，但我又想，如果现在我们走开，便好像是我们心怀敌意走的，而且破坏了休战协议。那时节，首先没有人向我们提供一个市场或可以得到给养的地方；其次，我们将无人带路；还有，我们一这样行动，阿里柔斯便会立刻背弃我们，结果我们将不再有一个朋友了，因为连从前对我们友好的人也将成为我们的敌人。还有，不要忘记那河流——就我所知，还会有别的河流必须渡过。我们总都知道幼发拉底斯河吧，在敌人面前我们是无法渡过的。另外，需要打仗时，我们没有骑兵相助，敌人的骑兵非常多，而且精；因此，我们胜利又能杀伤谁呢[①]？但若我们被打败，便无一人能得救。所以，我个人看不出，为什么国王在他方面有那么多的有利条件，若是真的急于毁掉我们的话，会在天神面前立盟发誓，又去违誓，从而在希人和波人目中成为破坏信义的人。"克利尔库斯提出了好多

① 重甲步兵，因为装备沉重，不适于追击，特别是当在能打击到的距离之外敌人先期逃跑时。当然骑队是最适于跟追溃逃的敌人的。——英译者注

这样的论据。

这时节蒂萨弗尼斯带领他自己的人马回转来了，好像要回家乡的样子；同时奥戎塔斯[1]带领他的队伍也是这样，后者还带了国王的女儿为妻还乡。于是他们便终归开始了这一行程。蒂萨弗尼斯头前引路，并提供了一个市场；阿里柔斯跟居鲁士的波军同蒂萨弗尼斯和奥戎塔斯在一起行进，并一同扎营。可是希军以怀疑的眼光看待他们，却自己单独行动，有他们自己的向导。每次扎营两方都彼此隔开一帕拉桑以上的距离，彼此设岗互防，好像对敌人一样——这事立即招致疑心。还有的时候，当希、波两方的人从同一个地方取柴或收集草料等物时，他们会彼此殴打起来，这也引起恶感。

在赶路三站之后，他们到达了那道所谓的米底亚墙[2]，便经里面往东南巴比伦方向通过。此墙是用烧砖敷以沥青砌成的。宽二十英尺、高百英尺，据说有二十帕拉桑之长，离巴比伦不远。从这里他们前进两站、八帕拉桑，路上过两道人工河，一次是通过站桥，另一次是用七条船做成的浮桥。这些水源来自底格里斯河。从这些人工河又挖出来很多沟伸入这一地带，起初是大的，逐渐是小的，最后成为像注灌希腊谷田的那样小渠。

这时他们到达了底格里斯河，河的附近有一座人口较稠密的大城，名为西塔斯，离河十五司塔迪。于是希军靠近这座城扎下营

① 亚美尼亚总督。——英译者注

② 希军已两次跨过此城原线，一次是在前进时，再次是在退军时。这时转向东方，他们抵达之点城墙仍在，经过“其内部”，即往其东南方面，或其巴比伦的一面。——英译者注

来，旁有长满各种茂密树木的一片美丽的大花园。波军却渡过了底格里斯河才扎下营来。希军看不到他们了。晚饭后，普罗克西努斯和色诺芬偶然在堆放武器的地方前面散步。这时有一个人走上前来，问外沿岗哨哪儿能见到普罗克西努斯或克利尔库斯——他没有问梅浓，虽然他是从梅浓的朋友阿里柔斯那儿来的。普罗克西努斯便说道，“我就是你们要找的那个人。”这人便说道：“我是阿里柔斯和阿尔陶组斯派来的，他们忠于居鲁士并和你们友好。他们嘱咐你们要警惕，怕是这些波军会在夜间袭击你们，因为在邻近的大花园里有一支大军。他们也嘱咐你们派一警卫去看守底格里斯河上的桥，因为蒂萨弗尼斯打算在夜里，如可能时，把它毁掉，使你们不能过去，从而被困在此河与水道之间。”听了这话，他们便把他带去见克利尔库斯，并重复说了以上信息。克利尔库斯听后十分不安，害怕起来。

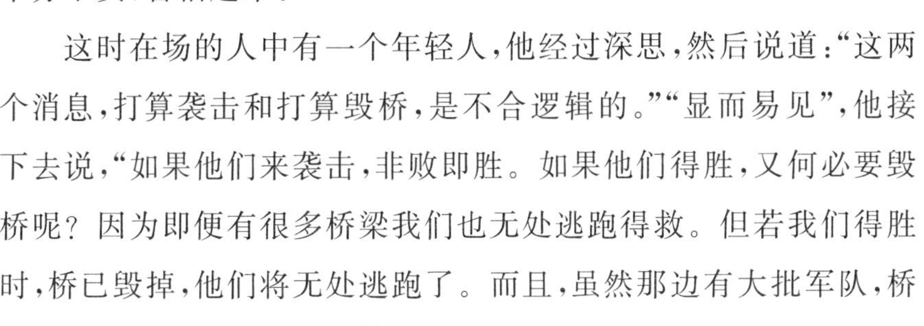

这时在场的人中有一个年轻人，他经过深思，然后说道：“这两个消息，打算袭击和打算毁桥，是不合逻辑的。”“显而易见”，他接下去说，“如果他们来袭击，非败即胜。如果他们得胜，又何必要毁桥呢？因为即便有很多桥梁我们也无处逃跑得救。但若我们得胜时，桥已毁掉，他们将无处逃跑了。而且，虽然那边有大批军队，桥一毁掉也无人能够来救援他们了。”

听了这话之后，克利尔库斯问使者，底格里斯河与水道之间幅员有多大。他答说地段很大，并有不少村庄、大镇。于是便明白了，波军打发此人来谎报，怕的是希军会毁掉桥梁，据守大河与水道之间的地带防卫待下去。那样一来，他们认为这些希人便可从这一河与水道之间的广大肥沃并有人耕种的地带得到给养，而且这个地点也能成为想要为害国王的任何人的避难处所。

事后，希军便去安歇，但他们确也派了一支警戒到桥梁所在。据警戒卫士报告，那一夜没有一个人从任何一方袭击我军，也没有一个敌军来到桥梁所在。天亮了，他们开始过桥。这桥是用三十七只船搭成的。过桥时守备极严，因为他们有自蒂萨弗尼斯处的希腊人来的消息，说过桥时敌人会袭击他们，但这都是谣言。不错，在他们通过时，格卢斯确实出现了，跟其他几个人来看看他们是否在过河；但一经见到，他便乘骑离去了。

从底格里斯河他们前进四站、二十帕拉桑，到达斐司库斯河。此河宽一普勒特隆，河上有桥。这里有一大城叫作奥匹斯，在左近，希军遇到居鲁士和阿尔塔泽西斯的私生兄弟，据他说他们是带领一支大军从苏萨和埃克巴塔那来支援国王的。他停住了自己的军队，观望着希军由此过去。克利尔库斯在头前带领队伍，双人平肩，在行进中不时停了下来。他把先头部队停下来多久，整个军队就一定也得停下来那么久。结果是就连希军自己也觉得他们的军队很庞大。这个波斯人一面看着他们，也受到震惊。从此地他们进军经过米底亚，六大荒原站、三十帕拉桑，到达居鲁士和国王母后帕莉萨蒂斯的村庄。为了侮辱居鲁士[①]，蒂萨弗尼斯把这些村庄——只除掉里面的奴隶——交由希军劫掠。在这些村庄里有大量谷物和牲畜以及其他财产。从这里他们前进了四个荒原站、二十帕拉桑，沿着底格里斯河右岸行进。过了河第一站，有一个繁荣

① 即通过他的母亲。其母“对他疼爱甚于其为王的儿子阿尔塔泽西斯”。——英译者注

的大城叫该涅，从那里波人乘皮制筏子渡过，带来面包、干奶酪和酒。

V

此后他们来到扎帕塔斯河。此河宽四普勒特隆。他们在此停留了三天。在此期间，确是猜疑盛行，但并未公开暴露出什么阴谋行动。因此克利尔库斯决定和蒂萨弗尼斯开个会，如可能时，制止这些互不信任的猜疑，以免由此发生公开的敌对行为。他便打发一个使者去说他想见他。蒂萨弗尼斯当即让他来见。

见面之后，克利尔库斯讲道："当然啦，蒂萨弗尼斯，我晓得我们双方已经明愿立誓保证互不侵害。可是我看到你们总是提防我们，好像我们是敌人；同时，我们见此情况，也警惕防守。但是经打听查询，我们不能肯定你们在试图伤害我们；而我们方面，完全可以肯定连想都不曾想对你们做那样的事。我决定和你见面谈谈，如果可能，我们可以消除这种互不信任的现象。因为我知道以往有过一些情况——有些是出于谰言，有些是完全出于猜疑——人们互相害怕，宁要先下手为强以免后下手遭殃，对一些既无意而且也不愿做这种事的人，造成了不可补救的伤害。相信这种误会最好是通过会商解决，所以我来此，并愿指出是你们错疑了。第一，主要是我们在诸神面前明过誓，不准我们相互敌视；蓄意违反这种誓愿的人我认为是不会好过的。因为与天神作对，我知道是腿脚再快，躲避再严，也逃脱不了的，也无法隐蔽不现，也无法退居安全堡垒。因为各地万事都由诸神掌管，而神对诸事是一律对

待的。

“谈及诸神和我们的盟誓，我是这样认为的：我们把我们订盟的友谊交付了诸神。至于人间事物，我认为此时有你是我们所有的最大善事。因为，跟随你，每条路都好通过，每道河都可渡过，物资供应也不缺乏；没有你，我们将一路摸黑——因为我们都不识路——每道河都难渡过，每群人都使我们害怕，而最可怕的是荒凉无靠——因为它充分意味着匮乏。假若我们竟然会一阵发狂、杀害了你们，那么杀害了我们的恩主之后我们不是一定得跟一个新的极强大的对手国王交锋吗？还有一层，我告诉你说，如果我图谋对你加以任何伤害，我将失掉多么大而美好的希望。我决心与居鲁士交朋友，因为我认为他是当时所有的人当中最能够对所喜好的人授益的。但现在我看到你在保有自己的权势，封土之外又拥有了居鲁士所有的，而且跟居鲁士敌对的国王势力又成为你的后盾。情况如此，谁会如此发疯不想和你友好呢？

“现在再谈谈另一方面，——因为我将告诉你；我基于什么道理希望你也将愿和我们做朋友。我知道米西亚人与你们捣乱。我相信，以我所有的兵力可以使他们服服帖帖地顺从你；我知道庇西狄亚对你也是一害，而且听说另外也还有不少这样的部族。我认为我能制止他们继续不断地扰害你的昌盛。至于埃及人，听说你对他们特别生气，我看你不会找到比我现在所拥有的更好的力量去谴责他们。再拿你周围的人来讲吧，若是有我们支持你，你想和任何人做朋友，你可以成为可能的最伟大的朋友；而如果任何人招惹你，你可以靠我们的支持制服他们。我们为你服务不只是为了薪饷，而也是出于我们对你、对搭救了我们的人的感激，正当的感

激之情。考虑以上这些情节，我个人认为你们不信任我们的念头真是令人奇怪。我真是想知道是谁花言巧语使你相信我们对你怀有恶意阴谋。”克利尔库斯说了这些话之后，蒂萨弗尼斯答道：

“克利尔库斯，我很高兴听你这些通情达理的话。因为，如果你抱有这些见解而对我有恶谋的话，我想同时对你本人也不利。现在，为了让你知道你对国王或我本人不信任也是错误的，请你听我讲。说实在的，若是我们想毁坏你们的话，你想，我们不是有大量的骑队和步兵和军事装备，足以伤害你们而自己毫不受损吗？你认为我们没有适当的地点攻击你们吗？你没有看到这些广大的原野吗？这原野现在虽然是友好的，也在使你们艰难通过。而这些你们必得通过的大山，我们可以事先占据，使你们无法越过。我们不是也有这些大河吗？在那里我们可以把你们随意分切开来，想打多少就打多少。有些河，实际上若不是我们把你们带过，你们是全然不能渡过的。而且，如果我们在这些地点受挫，我们毫无问题，却还可以放火毁坏庄稼。烧毁庄稼，我们可以使你们受饥荒之苦，那你们再勇武也是无法抵挡的。那么，既然我们有那么多方法和你们交战而我们不受危险，为什么我们会偏偏选择那一种对神不虔诚、对人无脸面的办法呢？因为只有完全走投无路，出于无奈，道地小人才愿意破坏对神的誓愿，不顾人间道义地去达到目的。至于我们，克利尔库斯，我们既不是没有理智，也不是傻瓜。

“可是，你还会问，为什么我们能毁掉你们时而我们却不那样做呢？这个道理，请相信，就是我恳切地要使希人认为我是可以信任的，以便能把居鲁士以发饷的许诺从海岸带上来的这支雇军，由我在确保其应得利益的情况下带回海岸。至于你们对我有用之

点，你也谈了一些；但我知道最重要的一点：只有国王能端正地在头上戴那顶冠冕，可是另一人，借助你们，也能便当地戴上那顶冠冕在心头。"[①]

克利尔库斯觉得蒂萨弗尼斯说的这些话好像是实话，便说道："既然我们有那么多友好的理由，那些诬告企图使我们成仇的人不应受到极端的惩罚吗?"蒂萨弗尼斯说道："是的，我认为，如果你方将官、队长肯来这里，我将公开指出那些告诉我说你在阴谋反对我和我军的人的名字。"对此，克利尔库斯说，"我要把他们都带来，而我这方面也要告诉你说我所听到关于你的谣传是哪里来的。"

这番谈话之后，蒂萨弗尼斯表现得十分亲善，于是请克利尔库斯留下来，并宴请了他。第二天当克利尔库斯回到希军营地时，他不但塑造了他和蒂萨弗尼斯非常和好的清晰形象，并汇报了他所讲的话，而且说蒂萨弗尼斯所邀请的人必须到他那里去。希军当中，无论谁，若是判定有诬告行为应当看做是希军的奸细和敌人而受惩罚。这时克利尔库斯猜疑这些谣言的制造者是梅浓，因为他晓得梅浓多次陪同阿里柔斯跟蒂萨弗尼斯会谈，而且还在领导反对他本人的组织，阴谋打倒他，想争取到全军从而牢牢地得到蒂萨弗尼斯的友谊。但是克利尔库斯想要全军忠于他，并排除这股抗力。至于士兵们，有些反对克利尔库斯的建议，力劝不应让队长、将官们都去，不应该信任蒂萨弗尼斯。但是克利尔库斯强烈坚持，直到达成协议去五位将官和二十名队长。随行也有约二百名士

① 第一句所述为波斯宫廷之礼；第二句显然是向克利尔库斯暗示蒂萨弗尼斯有意篡夺波斯王位而因之真正地想得到希军的友情和帮助。——英译者注

兵，打算去市场。

当他们到达蒂萨弗尼斯的门禁，将官们被请进去——彼奥提亚的普罗克西努斯，塞萨利的梅浓，阿卡狄的阿基亚斯，拉孔尼亚的克利尔库斯和阿加亚的苏格拉底——而队长们则在门口等候。过了不一会儿，一声号令，进入里面的人便被抓起来，而外面的人被砍倒。跟着便有些波军骑兵在这个地带驰骋，见到希腊人便杀死，不管是奴隶还是自由民。希军从他们营地看到这些骑兵来回奔跑很是纳闷，不知他们在干什么。此刻亚卡狄人尼卡尔胡斯奔逃到营地，腹部受伤，手捧肚肠，说明了刚才发生的事情。这时希军一齐赶紧武装起来，大惊之下以为敌军会马上杀向营地。

但来者并非全体；只有阿里柔斯、阿尔陶组斯和弥特拉达特，他们是居鲁士生前极要好的朋友。希军翻译官说他也看见并认出来一人是蒂萨弗尼斯的兄弟。后面又来了其他波军，身佩胸甲，数达三百人。这帮人一靠近，便让当场所有的希腊将官或队长走上前去，以便宣读国王的一份旨意。当下从希军行列中，守护之下，走出两名将官，奥尔科美努斯人克里安诺和司腾法利亚人索菲涅图斯；雅典人色诺芬也跟上来想了解普罗克西努斯的命运。这时客里索甫斯正值随同去买给养的人前往一个村庄。当希军前进到可以听到的距离，阿里柔斯便说道："诸位希腊人，克利尔库斯违反盟誓破坏休战，罪有应得，已经死掉；但是普罗克西努斯和梅浓，因为告发了他的阴谋，受到崇高的礼遇。至于你们，国王要你们的武器。他说那是他的，因为它们原属他的奴隶居鲁士。"对此，希军以奥尔科美努斯人克里安诺为代言人回答如下："阿里柔斯，你这最最下贱的人，和其他各位曾是居鲁士朋友的人们，在天神或世人面

前难道你们不惭愧吗？在对我们发誓和我们一样认清敌友之后，你们出卖了我们，而和蒂萨弗尼斯那个毫无天良的恶棍携起手来。不但伤害了你们当时共同盟誓的人员，而且也出卖了我们这些其余的人，勾结敌人来反对我们！”阿里柔斯说：“但经证明好久以前克利尔库斯便在阴谋反对蒂萨弗尼斯和奥戎塔斯及我们这些跟随他们的人。”这时色诺芬开言道，“那么，好啦，若是克利尔库斯真的在违反誓言破坏休战，他罪有应得；因为违誓者理应灭亡。但既然普罗克西努斯和梅浓是你们的恩主、我们的将官，请让他们来这里，因为他们是双方的朋友，他们会尽力给你、我两方提出最为良好的建议。”对此，波军无言答对，彼此谈了好长时间之后便走开了。

Ⅵ

将官们被抓起来之后，便被带到国王那里斩首处死。其中之一，克利尔库斯，熟悉他的人都公认他极为能征善战。首先，在拉西第蒙人和雅典人交战的整个期间，他都参加了。和平以后，他立即说服他的国家色雷斯人伤害希腊人[①]，并且在极力说服斯巴达监察官[②]之后，便出海去攻打住在刻尔索尼斯和佩林图斯那边的色雷斯人。可是当他已经离开之后，这些监察官为了某种理由改变了主意，想把他从科林斯地峡召回，他拒绝再服从，而毅然驶往

---

① 即在色雷斯刻尔索尼斯的希腊殖民者。——英译者注

② 监察官共五人，乃是斯巴达治理官员。——英译者注

赫勒斯滂。结果他被斯巴达当局以不服从命令罪判处死刑。流亡在外，他来见居鲁士。他说服居鲁士的道理别处另有记载[①]。总之，居鲁士给了他一万达利克，但收到这笔钱之后他并不去追求过闲散舒适的生活，而是用它征集了一支军队去攻打色雷斯人。他在战场上战胜了他们；自那以后千方百计地劫掠他们，并继续打到居鲁士需要他的军队。于是他便回来，仍然是为了战争，这一次是跟居鲁士一起。

我认为，这种行为表明了一个人爱好战争。当他本可无忧无患地享受和平时，他却选择战争；当他本可安闲生活时，他却宁要劳苦，只要是战争的话；当他本可安全保有他的金钱时，他却愿作战来消耗它。对于克利尔库斯，正如一个人为心爱的人或其他任何一种爱好花钱一样，他要花在战争上——他是那么喜爱战争。另一方面，他似乎更适于战争，喜欢冒险，日夜都准备着领兵杀敌，临危镇定。对此，凡是总和他在一起的人都是公认的。据认为他也是适于指挥的，因为有他这样一种秉性的人才能指挥。例如，他比任何人都能够想方设法使军队去弄给养，而且能获得。凡是和他在一起的人都感到克利尔库斯的话必须服从。这种效果得以达到是由于他的严格。他相貌阴沉，声音暴厉，经常严于惩罚，有时出于盛怒之下，所以有时招致后悔。但他却也是罚依原则，因为他认为一支没有惩罚的军队是没有好处的。据说，他实际上常说一个兵要执行好勤务，不伤害朋友，或是毫无遁词地去攻击敌人，他

① 但在《长征记》或色诺芬的任何其他著作中都没有。或许作者写此书时以为这些事情他已在此书卷一，第一章第九节中说过。——英译者注

必须对指挥官怕得比敌人厉害。因此，在危急情况下队伍毫不含糊地服从他，要他带领。他们说在这种时刻他的阴沉形态显得光明，他的严格像是对敌的决断，它象征着安全而不再是严厉。但当他们度过危险能走开为另外指挥官服役时，很多人会背离他，因为他没有吸引人的地方，而总是严厉、粗暴，以致士兵对他有如学童对待校长的那种感觉。也由于这个道理，他从来没有得到士兵出于友情善意去跟从他，而在他手下的人是由于政府安排在他手下，或是由于他们自己的需要，或是由于任何其他不得已的情况而对他绝对服从。一旦他们在他手下去克服敌人，从那时起便有强有力的理由使他的兵成为精兵。因为他们在敌人面前具有信心，而他们怕在他手下受惩罚使得他们的纪律严明。他便是这样的一位指挥官，但有人说他不太喜欢受别人指挥。他死时年约五十岁。

彼奥提亚人普罗克西努斯，从少年起便怀有急切的愿望要成为一个能处理大事的人。出于这种愿望，他以束修师奉利翁廷人戈尔基亚[①]。在他门下学习之后，认为他已有治世之才，并经与当时伟人交往能自有所施，便与居鲁士进行了此番事业，希望从中能成大名、得大权、积大富。但虽则他强烈想达到这些大的目的，他却也显然并不愿得之不公。他想他必须公正、高尚地得到它们，否则宁可不要。作为一个领袖，他能够指挥君子，但他不能使士兵对他起敬或畏惧。相反地，他却对他的士兵比他所指挥的兵对他更

① 著名的修辞理论家、演说家。他的极为昂贵的学费（一百迈那——相当于三百七十五英镑或一千八百美元）几乎和他本人一样地出名。〔所引折合钱数系罗布古典丛书出版此书时的折合情况。——英译者注〕

有畏戒之心。显然，他怕招士兵们的恨比士兵怕违抗他更甚。他的想法是，一个人要能或被认为能指挥，对做得正确的人予以称赞，对于做得不对的人不予称赞也就够了。结果是在他的僚属当中，凡是君子都喜爱他；但是那些无原则的小人就阴谋反对他，认为他好对付。他死时年约三十光景。

塞萨利人梅浓显然是贪图巨富——急于获得指挥权力，以便得到更多的财富，急于获得荣誉，以便能增加所得。他愿意和拥有最大权力的人交朋友，以便能做不义的事而不受到惩罚。为了达到他心所向往的目的，他认为最方便的捷径便是通过违誓、虚伪和欺诈，而他认为直爽、方正和诚实等于愚蠢。他对任何人都显然没有感情。如果他说他和某人是朋友，很清楚，这个人便是他在阴谋反对的人。他从来不嘲笑一个敌人，但在谈话中总是予人以嘲弄同僚的印象。他也不策划损害敌人的财产，因为他知道从警惕者那里得其所有是困难的。他认为他是唯一的知道夺取朋友财产最为容易的人——就是因为没有提防。他还惧怕一切违誓者和恶人，认为他们是强有力者，而那些虔诚、实在的人他却想法利用，认为他们是好欺侮的弱者。正如人以虔诚、忠实和公正为荣，梅浓却以能欺骗、造谣中伤朋友为光彩。他总是把正人君子看作没有教育。如果他想成为某人的最要好的朋友，他还认为毁谤其原来最要好的朋友是达到这一目的的正途。至于使他的士兵服从，他的办法是和他们一同作恶。他希望成名立业，其方式是表现他最有能力并最乐于做最坏的事。每当有人和他决裂，他总是遗憾尚未决裂时没有把他毁掉，太仁慈便宜了他。

当然，在不清楚的事情上人可能误解他。但尽人皆知的事情

如下：当他还很年轻的好时候，他得由阿里司提普斯任命为他的雇军将官；他和波斯人阿里柔斯过从极端亲密，原因是阿里柔斯喜爱美少年。最后，他本人当还无须年华时，就有一个名叫塔里帕斯的满脸胡须的宠客。现在，当他的同僚将官由于参加居鲁士反对国王的长征被处死时，他虽然也干了一样的事，却没有受到那样的对待，而是在其他将官处死之后国王才加之死罪。他不是像克利尔库斯同其他将官那样被砍头的——这是认为最快的一种死法——而据说是被活活折磨了一年才像一个恶棍那样死掉。

阿卡狄人阿基亚斯和阿加亚人苏格拉底，是被处死的那另外两人。没有人曾笑其为战争中的弱者或友情上有可訾议之处。两人均约三十五岁光景。

卷　三

I[①]

在将官们被抓起来而陪同的队长、士兵也被杀死之后，这些希腊人自然是非常困惑无所适从。他们在反复考虑：他们身处国王门户；四面八方都是许多敌对的部族和城市；无人再为他们提供市场；他们远离希腊不下一万司塔迪；没有向导引路；在回家乡的路上横断着无法渡过的河流；跟随居鲁士进行此次长征的波人也背弃出卖了他们；他们被困此地，连一个骑兵支持都没有；很显然，如果他们胜利，不能杀伤任何人，而如果战败则无一人得活。满怀这些顾虑，精神沮丧，他们晚上大都食未沾唇，无心生火，夜间也未回返营地而是就地躺卧，不能入睡。他们在悲伤、想念他们的故土和父母妻子，认为再也不能见到他们了。这就是他们躺下休息时的心绪。

在军队中有一个名叫色诺芬的雅典人。他既非将官，也非队长或士兵。他这次随军长征是因为他的老友普罗克西努斯往他家

① **上卷提要**：前文叙述了随同居鲁士长征中希军的行动，直至战役时刻。居鲁士死后休战时希军随蒂萨弗尼斯回程上发生的一切情况。——英译者注

中送去邀函请其同行。普罗克西努斯还许诺，若是去，他将使他成为居鲁士的朋友。他说他认为居鲁士对他比他的出生国更值得多。读了普罗克西努斯的信后，色诺芬和雅典人苏格拉底[①]商议此行。苏格拉底猜想他与居鲁士交友会招致雅典政府对他控诉，原因是据认为居鲁士曾积极帮助拉西第蒙人与雅典作战。他建议色诺芬到德尔菲求神对此行予以指点。于是色诺芬便去询问阿波罗神，问对诸神中哪一神供奉祈祷能最好而成功地进行心中所想的行程，而且交了好运后能安全还乡。阿波罗神在回答中告诉了他必须供奉的神名。当色诺芬从德尔菲回来之后，他把神谕告诉了苏格拉底。苏格拉底听后指责他，因为他没有首先问一问去好还是不去好，而是自己决定了去，然后问神怎样去最好。但是他接着说，"可是既然你已是这样提问了，那就只得完全按神的指示行事了。"

于是，色诺芬在按照阿波罗神谕向指定的神祭献之后便起航。在萨尔迪斯，他赶上了普罗克西努斯一行人。这时他们正要开始这一长征。他被引见给居鲁士。不但普罗克西努斯敦促他留下来和他们在一起，而且居鲁士也共同要求，并说一旦长征完结便送色诺芬还家。说法是长征是为了讨伐庇西狄亚人。就这样，色诺芬参加了长征，对于它的目的并不清楚——可是并非普罗克西努斯瞒哄了他，因为他也不知道此行是要攻打国王；其他任何希腊人，除却克利尔库斯，也都不清楚。但当他们到达西里西亚时大家便明白此番长征原是要攻伐国王的。这时，虽然希人对此行有所惧

① 著名哲学家。色诺芬从年轻时便是他的门徒和朋友。——英译者注

怕，不愿继续下去，但大部分人由于彼此之间和在居鲁士跟前面面相关，却继续了进军，色诺芬也在其中。

现在遇到困境，他和别人一样痛苦，不能入睡。但后来睡着了一会儿，他得了一梦：好像有一声雷鸣，击中了他父亲的房子，整个房子着了火。他立刻惊醒。一方面可以认为此乃一吉祥之梦，因为在危难痛苦之中他好像看到宙斯的神光。但是从另一方面看他却恐惧起来，因为他想梦由宙斯大王而来，而雷火烧掉了周围一切，怕是他逃不出国王的疆土[①]而可能被各种困难所包围。那么，得这样一个梦究竟意味着什么，我们可以从梦后所发生的事得知——第一，在他醒来时刻，他心中有一个念头：为什么我在这里躺着？夜已深沉，天破晓时可能敌人就来攻我们。若是我们落入国王之手，怎么能避免活活地看到最悲哀的景象，并经受一切最可怕的痛苦，然后被侮辱处死呢？可是，至于说自卫，却没有一个人做准备或去考虑，而我们躺在这儿就好像是可能享受安闲似的。那么我自己怎么样呢？我在期待着从哪里来将官做这些事呢？我得等到哪年哪岁呢？若是今日我落入敌手，肯定我是活不下去的。

于是他起身来，第一步把普罗克西努斯的队长们召集到一起。聚齐后他对他们说道："各位，想到我们当前所处的困境，我实在睡不着，我想你们也是一样，再也不能静卧下去了。显然敌人在认为自己充分准备之前是不会公开攻打我们的。但是在我们这方面却全然没有人筹谋对策，以保证尽可能好地作战。可是，如果我们降伏而落入国王手中，请想我们的命运下场将是什么？就连他自己

① 梦中的宙斯王被解为波斯王。——英译者注

的弟弟，而且还是已经死了的，他都要砍其头，断其手，并刺穿示惩。那么，对于我们这些无人给说项求情的，对他进行讨伐、打算把他贬为奴隶的、能杀就杀掉他的人，我们能期待落个什么样的下场呢？他能不极端残暴地折磨我们，使世人都害怕，不敢再反对他吗？因此，我们必须尽力想法不要落入他的势力之下。

“就我来说，休战的期间我一直在可怜我们自己而祝贺国王及其从者，因为我清楚地看到他们拥有多么美好广大的土地、丰富的给养、成群的仆役、牲畜、金钱和衣着。每当我想到我们自己的士兵的处境，我看到我们对这些好东西都没份，除非去买。我知道我们当中只有少数人还有钱去买。我知道我们的誓言限制我们除掉购买之外不能以任何其他方式得到给养。所以，考虑到这些，我有时总在怕休战比现在怕打仗还厉害。但现在他们已经用行动破坏了休战。我认为这也就终止了他们的骄横和我们的为难。因为两方当中谁勇敢胜人，谁就可以得到这些好东西作为奖赏。这场竞赛的裁判便是诸神，而诸神非常可能是在我们这方的，因为敌方在诸神面前违了誓，而我们则面对丰富物资却一直恪守对神的誓言未曾染指。所以我想我们可以有比敌人更大得多的信心进入这场较量。此外，我们身体比他们更耐寒暑劳累，而且我们，托福诸神，也比他们有更好的精神灵魂。这些人比我们更易被杀伤，若是诸神，和以往那次一样，又使我们获胜。

“现在，也许别人心里也有这些想法。让我们凭天地诸神，不要等候别人来召唤去进行这番崇高的事业。让我们自己带这个头，唤起其余的人鼓起勇气。要表现为最高超的队长，做比将官本

人们更称职的将官。至于我本人，如果你们决定这样干起来，我将跟随你们。如果派我领导，我将不以年轻为借口而拒绝。我认为我正年轻力壮，足以抵抗危险不受伤害。”

色诺芬以上发言，军官们听了之后全都让他当首领，除掉一个名叫阿波罗尼德斯的。这个阿波罗尼德斯讲彼奥提亚方言，他认为任何以为不经尽可能说服国王得其同意而能获得安全的说法皆属无稽之谈。同时他开始列举处境的种种困难。但色诺芬打断他的话，说道：“你这怪人，你有眼而仍见不到，有耳而仍不记取往事。当国王在居鲁士死后得意忘形地派人来命令我们放下武器时，你一定和其他这些军官一起在场。但当我们不放下武器而是把我们自己武装起来，并去在他们身边扎营时，他什么办法都试过了——派使者，请休战，供给养——来最后获得休战。可是，当我们的将官、队长们，正好是按照你现在所主张的方法，依靠这个休战去和他们会谈时，结果又是如何呢？此刻他们难道不是正在挨打、受折磨、遭侮辱，想死都不能吗？这些束手无策的人，我想他们是颇想一死而不得的！既然知道这些，你怎么能说主张自卫的人是胡说八道呢？难道说你还建议我们又去走试图说服的路吗？各位，我认为我们不但应当拒绝这个人跟我们在一起，而且革掉他的队长职务，让他驮载，把他当那种动物看待。这个人不但玷污他的故邦，也是全希腊的耻辱，因为作为一个希腊人他却竟是这种败类。”

这时，一个司腾法利亚人阿加西亚插嘴说道：“这个家伙全然既不属于彼奥提亚也不属于希腊任何地方，因为我注意到他两只

耳朵都扎了耳孔[1]，像一个吕底亚人[2]。"实际上是这么回事。因此，他被赶走了，而其余的人便分头去走访希军各师[3]。凡是有活下来的将官都被请来参加到一起；凡是失去将官的，他们便邀请副将前来；其只剩下一个队长的，则队长前来。当大家聚齐时，他们在营地前面坐了下来，共计将官、队长为数百名。此刻时近午夜。普罗克西努斯手下最高队长伊利斯人希罗尼穆斯开言道："诸位将官、队长，鉴于当前情况，我们认为最好会在一起，并请你们参加以便能计议出什么好主意。色诺芬，请你把刚才给我们讲的话重复一遍吧。"

于是色诺芬说道："我们都了解这些，即国王和蒂萨弗尼斯已经把我们的人抓起来好多，显然他们正在策谋尽可能地打垮其余的我们这些人。那么，依我看，我们要做最大努力不落入这些波人手中而宁要争取制服他们。所以，你们这些到会的人大有一显身手的机会。全体士兵都注视着你们。如果看到你们软弱无能，他们就会都泄了气；但如你们不只自己在对敌有所准备而且也号召其余的人起来照样干，肯定他们将跟从你们一样干起来。但或许最好是你们要赛过他们，因为你们是将官、副将和队长。在平时你们在薪金、地位上都胜过他们，因此，现在处于战争状态时应该期待你们超过普通士兵，在需要时应为他们出主意、卖力气。

---

① 希腊人认为一个男人戴耳环是女人气。因之，他的耳穿孔标志着阿波罗尼德斯是一个外国人（波斯人）。——英译者注

② 吕底亚人以有女人气著称。——英译者注

③ "师"不是一个固定数额的军队组织名称，而是指一个将官指挥下的队伍。——英译者注

“当前，我认为首先你们要为军立功，尽快地指派将官和队长去填补缺额。因为没有首领将什么有用的好事也办不成。一般说来都是如此，当然不单指战事。看来纪律保证安全，缺乏纪律一向是致败之源。其次，当所需首领指派就绪之后，你们也要及时地把其余士兵召集到一起，予以鼓励。也许你们自己也看到了，现在的情况是，他们回营地和去值岗哨都非常无精打采。若总是这个样子，一旦白天或黑夜有情况，需要他们，能有什么用。可是如果我们把他们的心绪转变过来，使他们不只想到面临的困境，而且也想到该怎么做，他们将会情绪高得多。我相信，你们懂得，在战争中决定胜利的不是兵员数目或力量，而是要看双方哪一方的部队，皇天在上，具有更坚强的心气。这一般说来是无敌不摧的。诸位，我在个人的经历中还注意到另一事实，即在作战中急于设法尽可能保全性命的人正是那些落得受辱丧命的人；而那些看清楚人总不免一死的道理、因而敢于壮烈牺牲的人，却正是更能长命到老，生活得快乐。那么，记取这种最适合当前面临危机的教训。我们自己必须做勇士，并使伙伴们也勇武起来。”说罢此话，色诺芬停了下来。

接着，客里索甫斯说道：“色诺芬，我已往只听说你是个雅典人，现在我佩服你的言和行。我但愿我们能有好多像你这样的人，这对全军都是福气。”他接着说，“诸位，让我们不要耽搁时间。回去，凡有需要的，立刻选出你们的首领来；选定之后到营地中央来，并把选定的人一起带来。那时我们将开一个全军大会。”他又接着说，“我们一定要让传令官托尔米德到会。”说着他立即起身，以便赶快执行应办事宜。于是选出了指挥官，达达尼亚人提马宋替补

了克利尔库斯，阿加亚人赞提克里斯代替了苏格拉底，阿卡狄人克里安诺代替了阿基亚斯，阿加亚人斐利修斯代替了梅浓，雅典人色诺芬代替了普罗克西努斯。

Ⅱ

当这些人选定了之后，将官们在营地中央开会，并决定派出外哨，召集士兵开大会。人员一到齐，拉西第蒙人客里索甫斯首先起立发言如下："士兵弟兄们，我们现在的处境真是痛苦已极；失去了那样的将官、队长和士兵，而且我们从前的盟友阿里柔斯和他的人马也出卖了我们。可是，在这种情况下我们必须尽量振作精神，英勇以赴，绝不屈服，而是要在可能时以光荣的胜利解救我们自己而绝不活活地落入敌手。因为那样我们将会受到我们祈望上苍降祸于敌之苦难。"

这时节奥尔科美努斯人克里安诺起立发言道："来，弟兄们，你们看到了国王的背誓、不诚；你们也看到了蒂萨弗尼斯的无义。是蒂萨弗尼斯说：他是希腊的邻人，要尽最大努力解救我们。也是他发下誓愿保证履行诺言；而后就是这个立下保证的蒂萨弗尼斯欺骗并抓捕了我们的将官。而且他连东道主神宙斯也不尊重，而是在款待克利尔库斯的席间把它作为欺毁将官的手段。就连我们打算立其为王、并交换了誓盟保证互不背弃的阿里柔斯，也不顾神威，也不怀念对他尊重的已故居鲁士的荣誉，投奔了居鲁士的死敌，并企图加害于我们这些居鲁士的朋友。但愿这些家伙受到应得的神的惩罚。可是，鉴于他们的不义行径，我们千万不要再上他

们的当。我们必须拼命战斗，迎接天神降予的任何命运。”

这时色诺芬站起来，身着整齐的戎装，容光焕发，准备战斗。他认为如果神赐胜利，身着上好戎装是最得体的。如果命定战死，他认为既然他已经恪尽崇高美好的职责，也应该这样装束去战死。他开始他的发言如下：“关于这些波人的背誓无义刚才克里安诺已经讲了，我想大家都明白。那么，若是我们还想与他们和好，必定想到我们那些信赖对方的将领们的遭遇，因而精神非常沮丧难过。但若是我们打算依靠我们的武力，不但去惩罚他们过去的所作所为，而是要从此和他们进行不可调和的战斗，——天神在上——我们便有解救的良好希望。”

当他正说此话时，有一个人打了个喷嚏[①]。士兵们听到这个响声，全都不约而同地对神俯身致敬[②]。色诺芬说，“既然当我们正在谈论解救时救世主宙斯显示了兆头，我建议我们发下誓愿，一旦到达友土我们将为得救向该神奉献牺牲感恩还愿，而且另加一条誓愿，力所能及地也对其他诸神奉献牺牲。凡是赞成这个建议的请举手。”全体在场的人都举了手。于是他们发立誓愿并奏起赞歌。行礼如仪后，色诺芬又开始讲道：

“我刚才说我们解救的希望很好，因为，首先我们遵守了对神立下的誓言，而敌人则违背了他们的誓言，且破坏了休战。因此应可断言诸神是与他们为敌而站在我们这边的——而诸神是能够依

① 喷嚏是一吉兆，特别是正当色诺芬在说“解救”一词时，便更加吉祥了。——英译者注

② 宙斯救主，据认为是他送来此兆。——英译者注

其神意很快地使强者转弱，并解救处于极端困厄之中的弱者。其次，我要提醒你们，勿忘我们祖先所经受的危险，让你们知道不仅你们应为道地的勇士，勇士在诸神保佑之下甚至能从极端可怕的危厄中得救。当波斯人及其仆从大举动兵要消灭雅典时，雅典人敢打、敢拼，依靠自己的力量抗御了他们，并取得胜利①。那时节，他们对阿尔特米斯女神许下誓愿，每杀死一名敌人就要奉献一只羊给女神，结果都找不到足够的羊只了②。于是他们决定每年供献五百只，而这项供献一直继续到今天。还有，后来当泽尔士召集那支不计其数③的大军来攻打希腊时，我们的祖先在陆上和海上④都战胜了我们敌人的祖先。作为这些胜利的标志，我们如今仍可见到战利纪念物，但最为强有力的见证便是我们生于兹、教于兹的邦国的自由。你们从不屈从于人间任何人，而只敬仰天神。你们是从这样的祖先传下来、成长起来的。

“我绝不是想说你们玷污了祖先。实际上，不多日子之前，你们在诸神保佑之下列阵攻打那些比你们多若干倍的波斯人的后裔，并取得胜利。请注意，那只是为居鲁士争取王位你们表现为勇士。现在，这场斗争是为了你们自身的安全，那应当一定是更加勇敢、更加热诚。而且现在你们应当是更加信心百倍地抗御敌人了。

---

① 马拉松之战，纪元前 490 年。——英译者注

② 据赫罗多图斯记述波方战死六千四百人。——英译者注

③ 据赫罗多图斯所记述，泽尔士全部兵力为二百六十四万一千六百一十人。——英译者注

④ 海上在萨拉米(纪元前 480 年)，陆上在普拉提斯(纪元前 479 年)。——英译者注

那时节你们不熟悉他们,你们看到他们人马不计其数,但还是勇敢地秉承先辈的精神对他们发起攻击。现在你们已经和他们交过锋,并发现他们虽然比你们多许多倍但也无心与你们迎战。那还有什么理由使你们惧怕他们呢?

"还有一层,你们不要因为从前和你们在一起的阿里柔斯一帮现在背弃了我们而泄气。他们比我们手下的败兵还懦怯。他们总是临阵逃跑,丢下我们自谋对策。像这样善于逃跑的士兵最好是离开我们跑到敌人那边去。

"但如果你们有人泄气,因为我们没有骑兵而敌人手下有很多,那么请考虑一下。一万骑兵只不过就是一万名战士,因为从来不曾有人在战场上被马咬死或踢死,而战争中一切都是要人来做的。另外,我们比骑兵根基巩固得多,他们悬空在马背上,不但怕我们,而且怕落马;而我们,站在平地上,有人来攻时能以大得多的力量予以打击,并且能更准确地要打谁就打谁。只有一点骑兵有利——比我们便于逃命。可是,或许你们对战争是有足够的信心的,而烦恼是因为不再有蒂萨弗尼斯的向导或国王供应的市场。如果是这样的话,我请你们想一想:是让显然和我们作对的蒂萨弗尼斯做向导好呢,还是让我们自己可以俘虏的人来做向导好?后者将会知道,若是对我们有什么差错会牵涉到他们自己的性命身躯的。至于给养问题,是从这些波人提供的市场上买好呢——量小价大,而且我们也没有钱了——还是胜利时自己取用,想用多少便用多少好呢?

"在这些点上,可以说,你们体会到我们现在的情况是较好的。

可是，你们会想，这些河是一件难事，以往过河大为上当[①]。那么请想一想，是不是这些波人干的一件道地的蠢事[②]。因为一切河流，即使在中、下游不可渡过，但当你接近上游河源时便可水不没膝地渡过去。

“假定说河无渡处，人无向导；即使如此，我们也不应泄气。我们知道米西亚人[③]并不比我们强，他们在国王境内占据很多繁荣大城；我们知道庇西狄亚人[④]也如此；至于吕考尼亚人，我们甚至亲眼见到他们夺占了平原上的堡垒，并在收割波人土地上的庄稼。所以我个人认为你们先不要让人看出来已在启程回家，而是要做出倒好像打算在这儿定居下来。因为我知道，对米西亚人国王不但要提供好多向导，而且还提供好多人质，保证安全护送他们出境。实际上他还要为他们修一条路，即使他们要乘四马战车启程。我相信他会加倍地乐于对我们也这样做，如果他看到我们准备在这儿住下去。可是，我担心的是，如果我们一旦习于闲散奢侈的生活，并跟这些米狄人和波斯身材修长、苗条美丽的妇女、姑娘们交往上，我们会像奥德赛里吞食了忘忧果的人[⑤]那样乐而忘返了。因此，我认为我们应该首先努力回到希腊亲友那里，向希人指出他们贫困是自己情愿，因为他们能够把现在家乡过苦日子的人带到这儿来，看到他们过富足生活。

---

① 如底格里斯河。——英译者注

②③ 指领希军渡过底格里斯河（即德底格里斯河东岸）。因为色诺芬认为这时将被迫行军至河源去渡过，因之将在此土待更长的时间。——英译者注

④ 小亚细亚的人民，他们几乎总在造反，反对波斯当局。——英译者注

⑤ 暗指《奥德赛》ix 的故事。

“诸位，明显的事实是，所有这些好东西属于能得到它们的强者。我还要谈另外一点，我们怎样才能最安全地进军，如果要打仗，怎样打法最有利。首先，”色诺芬继续说：“我认为应该把所有这些车辆烧毁，以免受这些牲畜的支配，而我们可以选择最便于军队走的任何路线。其次，我们也应把营帐烧掉，因为这些东西带起来是个累赘，对打仗或获得给养一点都没有用处。我们还要舍弃其他多余的辎重，只留下战争或饮食必需品，以便能有尽多的士兵武装起来，尽少的人运载辎重。因为你知道，兵打败仗时他们所有的一切都成了别人的东西；如果打胜时，我们便可把敌人当作驮载人。

“我还要说一件我认为实在至关重要的事。你们看到，敌人在抓捕了我们将领之前他们没有胆量打仗，因为他们认为只要我们有指挥官，兵就有所服从，就能挫败他们；而一旦把我们的指挥官弄走，他们认为群龙无首、无纪律，就会毁灭我们。因此，我们现在的指挥官必须比以往要特别提高警惕，而广大列兵必须比以往更加整齐，更加服从。我们得通过一项决议：如果任何人不服从，你们随便哪一个当时在场的人，要协同军官对他进行惩罚。这样一来，敌人便会大失所望，因为他们现在将看到不只是一位、而是成千上万个克利尔库斯[①]不许当坏兵。现在不是多谈的时候，而是该行动的时候了，因为，或许敌人很快就会逼近。那么，凡是认为这些提议好的人，就赶快通过，以便在行动中执行。但如有任何别的办法认为比我的更好，任何人哪怕是一个列兵，可以随便提出来，

① 克利尔库斯以严格的纪律惩戒主义者闻名。——英译者注

因为大家的安全是大家的需要。”

接着，客里索甫斯说道：“我们现在可以想一想，除了色诺芬所提议的之外，还有什么另外的事情需要做。但我认为我们最好对他已提出的事情尽快表决。谁赞成这些办法，请举手。”大家都举了手。

这时色诺芬又一次起立发言说：“诸位，请听我还有进一步的提议。很明显，我们必须去到一个能得到给养的地方。我听说在离此不过二十司塔迪处有些很好的村庄。敌人若是当我们撤退时尾随我们，不足为奇。正如同怯狗追赶行人，可能时还要咬他们一口；而对追他的人则是夹着尾巴逃窜。因此，如果我们在行军中把重甲兵列成中空的方阵，或许更安全些，这样，辎重队和随营人员可以有个更安全的地方。如果马上便定好谁带领方阵引导先头部队，谁在哪一侧翼，谁来殿后，那么当敌人来攻时，我们就无须临时再行计议，而士兵可立即各就各位准备行动。假若有人有更好的主意，我们将照办；否则，我提议客里索甫斯带队先行，特别是因为他是一位拉西第蒙人；这两位老将负责两翼；目前，年纪最轻的提马宋和我来殿后。我们先试试这种队形编排，将来我们可以看情况随时采用更好的办法。若是有人看到有更好的办法请提出。”没有人发表什么反对的意见，色诺芬便说：“凡是赞成这些办法的请举手。”决议通过。他接着说，“现在我们必须回去把决定的事项付诸实行。凡是想再见到你的朋友的人，要记住做一个勇敢的人，因为只有这样才能达到目的。另外，凡是想得救保全性命的人，他必须努力争取胜利，因为是胜利者杀人而败者被杀。还有，凡是想发财的人，他必须努力征服，因为征服者不但保住自己的所有，而且

得到被征服者的财物。”

Ⅲ

色诺芬说了这些话后便散了会，各自回营着手去焚烧车辆和营帐。至于多余的辎重行李物品，凡是有人需要的便彼此分享，而把其余的投入火中。事毕之后，他们着手准备早餐。正值此时，弥特拉达特带领约三十骑前来，把希腊将官叫到能听见声音的近处说：“希腊壮士们，我是忠于居鲁士的，这你们自己都知道，现在我对你们是友好的。说实在的，我在这里停留很害怕。因此，若是你们表示欢迎的态度，我将参加你们的行列，并把所有跟我的侍从带来。那么，请告诉我你们想怎么办，我保证是你们的朋友，祝愿前途美好，并愿与你们同行。”将领们计议一番，决定以客里索甫斯为代言人做如下答复：“我们已下定决心：若是无人妨碍我们的返乡进军，将尽量少破坏沿路地方；但若有人阻碍行程，便同他尽最大力量打出个高低。”这时弥特拉达特便表示，除非国王愿意，他们是不可能安全回乡的。于是希腊人便明白了他的使命是欺诈。实际上还有一名蒂萨弗尼斯的亲属也跟着来，要看他忠于此项任务否。因此，将官们决定，最好通过一项规定：只要还在敌人领土之内，便不与敌人谈判。因为波人总在来，试图拉拢腐蚀士兵；有个阿卡狄人叫尼卡尔胡斯的队长还真的被他们拉拢成功，夜间逃营，并带走约二十名士兵。

吃过早餐，他们渡过扎帕塔斯河，按照决定的阵式，辎重驮兽和随营人员在方阵之内，启程上路。他们还没有走远，弥特拉达特

又出现了，带领约两百骑兵并有弓箭手和投石手——人马极为精壮灵活——为数四百。他朝着希军前来，好像很友好。但当他人马来到跟前时，突然间便有些骑兵、步兵一起开始射击、投掷，招致了伤害。希军后卫受害严重，全然不能报复，因为克利特的弓兵[①]不但比波军的射程较近，而且因为他们没有甲胄，被围在重甲步兵队列之内；而希军投枪手打不了那么远，不能击中敌军投石兵。于是色诺芬决定要追击波军。他们用保护后卫的重、轻步兵追上前去，但是在追逐中他们没有能够捉住一个敌人。因为希军无骑兵，而他们的步兵在短途中追不上敌军步兵——敌人逃跑时的起步与希军拉了一段很长的距离——他们又不可能离开希军主体走得太远去长途追击。另外，波军骑兵即使在逃跑中也还能从马上向后射击致害。希军在追击中所前进的路程又不得不在战斗中退守。结果，整整这一天他们走了不过二十五司塔迪。然而，将近黄昏时分他们却到达了所说的那些村庄。

在这里又出现了泄气的情绪。客里索甫斯和年事最长的将官抱怨色诺芬离开大队去追击敌人，自己冒了危险又未能伤害敌人。色诺芬听了此话，回答说他们的抱怨有道理，事情的结果本身就证明他们的看法是对的。他接着说道，“但是，我被迫去追击，因为我看到保持本位我们牺牲太重，而仍不能还手。可是，当我们真的去追击时，所出现的情况，证明你们是对的：我们照样不能使敌人受伤害，而是在极端困难的情况下才完成撤退。让我们感谢诸神，他们来的兵力不多，而只是一小股，对我们祸害不大，但暴露了我们

① 克利特人是古时最有名的弓箭手。——英译者注

的缺点。目前敌人能射箭、投石很远，以致我们的克利特弓兵和投枪手都不能回击打中他们。若是追赶，离开主体长途追击是谈不到的，而在短途追逐中，一个步兵，哪怕是快腿，也赶不上比他占先一箭之地的另一步兵。因此，如果打算防止他们可能对我们在行军中加以伤害，我们自己马上要有投石手和骑兵。据说我们队伍中有罗德斯人[①]，他们当中多数会用石索，而且射出去的弹丸比波斯石索不下两倍之远，因为波斯石索用石，巴掌那么大，射程近。罗德斯人还精于弹射铅弹。如果我们搞清楚谁有石索，出钱征用，奖赏愿意编造新索的人并进而对自愿在指定岗位担当投石手的人制定一种豁免特权，可能就会出现能够帮助我们的人。另外，我看到队伍中有些马——我自己那儿就有一些。克利尔库斯队伍中有一部分，留了下来[②]。还有另外许多从敌人那里得来的马被用作驮兽。若是我们把这些马挑出来换上骡子，装备起来成立马队，可能这支马队也会给逃跑时的敌人添些麻烦。”这些提议也被采纳了。在那一夜之间一队两百名投石手便组织起来；次日马匹和骑兵，为数五十，经过测验后成立了，还为他们准备了短紧上身和胸背甲胄。雅典人波利司特拉图斯之子吕修斯被任命统带这支部队。

① 罗德斯投石手之出名几乎不亚于克利特的弓箭手。——英译者注

② 即克利尔库斯骑兵叛逃投奔国王时。——英译者注

Ⅳ

那一天他们平安无事。次日清晨，他们出发上路，比平常起得特别早，因为他们必得通过一个山峡，怕是敌人会对他们在穿行时加以攻击。但是过了山峡之后弥特拉达特才又出现，率领一千名骑兵和约四千名弓兵和投石手。这些人马是他要求蒂萨弗尼斯拨给他的，立下保证有这些人他便能把希军交付蒂萨弗尼斯手中。他小看了这些希军，因为他看到在上次袭击中他以小部兵力给希军不小的伤害，而自己方面没有任何损失。因此，当希军过了峡谷约有八司塔迪时，弥特拉达特便也带领人马越过峡谷。这时准备追击敌人的希腊轻装、重装步兵已经获令待发，骑兵也得令勇赶，确保随后紧跟上充足的兵力。这时，一伺弥特拉达特跟上前来，投石和箭矢正要打及目标时，希军响起号令，奉命的希军步兵便立刻冲向敌人，骑兵也向前冲击。敌军不敢迎战，便逃向峡谷去了。在这次追击中波军步兵伤亡甚众，而其骑兵不下十八名在峡谷中被活捉。希军不待吩咐，自动把敌尸残伤毁形，以使敌人一见惊骇丧胆。

敌人狼狈离去。希军终日无扰，继续行军，到达底格里斯河。这里有一座荒凉的大城[①]，名叫拉利萨，是古时米狄人居住的地方。它城墙宽二十五英尺，高百英尺，周围长二帕拉桑，是用黏土砖在二十英尺高的石头基础上建起的。当波斯人想从米狄人手中

① 这个色诺芬叫做“拉利萨”的城就是《创世记》里所提及的亚述大城卡拉。——英译者注

夺其帝国时，波斯王①曾围困此城，但未能攻破。一阵乱云掩蔽了天日，看不见此城，直至居民弃城他走。这时才夺取了此城。离城不远有一座石金字塔，宽一普勒特隆，高二普勒特隆；在这金字塔上有许多从左近村庄逃来的波人。

从这个地方他们进军一站、六帕拉桑，到了一大城堡，荒芜残破。此城名叫梅司波拉②，一度曾为米狄人居住。墙基为贝壳磨石所造，宽、高各五十英尺。基上建一砖墙，宽五十英尺，高百英尺；墙周延六帕拉桑。据传，在这里，国王③妻室梅狄亚在波人夺取米狄人天下之后曾避难于此。波王也围攻此城，但久困或突击都未能破之。宙斯大帝以雷鸣震惊居民，此城方得攻克。

从这个地方他们前进了一站、四帕拉桑。在这一站当中蒂萨弗尼斯出现了，他统领着自己带来的骑队④、娶了国王女儿的奥戎塔斯所部、居鲁士在长征中所带来的波军和国王兄弟前来援助国王所带的人马。除了这些部队之外，蒂萨弗尼斯还有国王拨给他的所有部队。结果是这支军队显得非常庞大。当他靠近希军时，他将几营军队留驻在后卫而把其他部队列在他们的侧翼。这时，

---

① 居鲁士大王(纪元前558—前529)。——英译者注

② 色诺芬在此所见的废墟是著名的亚述帝国首都尼乃渥。很奇怪，他对这座亚述大城(以及上面的卡拉)只是含糊地一带而过，说“它一度由米狄人居住”。实际上，米狄人夺占尼乃渥(约纪元前600年)确是结束其重要的历史时期的大事件。只是在其后直到米狄亚帝国又被波斯人推翻(纪元前540年)的半个世纪当中才由米狄人统治着。色诺芬在他的历史记叙中只是追述了不重要的一步——或许因为他不想再说远一些，或许是因为他不能那样做。——英译者注

③ 米狄亚最后的一位国王阿司悌亚格斯。——英译者注

④ 即从他在小亚细亚的省区，当时他来向阿尔塔泽西斯密报居鲁士对其造反的阴谋。——英译者注

虽然他鼓不起勇气接近希军，也不想冒一决战，他下令士兵投石、射箭。但当散列在队伍中间的罗德斯投石手和弓箭手予以回击时，无一人射不中的（因为敌军之密很难射不中的[①]）。这时蒂萨弗尼斯急忙退兵避阵，其他各营部队也随退。

这一整天，一方继续行军，一方继续追击。波军不复能以其散兵的长距离射击为害，因为罗德斯投石手射出弹丸比波军的远，甚至比波军弓箭都远。波弓也大，因此克利特人能够很好地利用落于其手中的箭。事实上他们在不断地使用敌箭向空中射击练习远射[②]。在村里希军发现大量肠线和铅，供投手使用。这一天的情况是：当希军来到一些村庄，着手扎营时，波军便撤退，因为在小接触冲突中吃了大亏。次日希军安静无事，收集物资，因为村里有大量玉米。在后一天他们继续行军，通过平原，蒂萨弗尼斯在后面尾随，继续骚扰，小有冲突。

这时希军发现，当有敌人跟随时方阵编排是不妥的。因为若是由于道路太窄或有山或桥使两翼靠拢时，势必把重甲兵挤乱，难于前进，他们被挤得乱成一团，从而不大能发挥作用。另外，当两翼分开时，刚才被挤开的人不可避免地分散了，两翼之间的空处无人，当后面有敌军紧跟时影响这些兵的士气。还有，每当军队需要过桥或做其他穿行时，人人都要赶快，抢先渡过去，这就给予敌军一个攻击的好机会。当将领们认识到这些困难时，他们编排成六

---

① 由于敌人密集。——英译者注

② 以便能容易地收回箭矢。——英译者注

个连队，每队百人，设一名队长领导；另加排、班长[①]。这么一来，若是两翼在进军中靠拢时[②]，这些连队就退后，以便不影响两翼而暂时在翼队后面行动。当方阵侧翼又分开时，他们便填补上两翼之间的空处：一队一队地，如果空隙较窄；一排一排地，如果较宽；或是一班一班地，若是很宽的话[③]——意思是总要把空当填满。另外，若是军队必须渡过什么地方或过桥时，一队一队地轮班过去不致陷于混乱。若是军队有的部分需要援助时，这些部队就赶到该处。采用这种阵式，希军前进了四站。

在进军第五站时，他们看到一种宫殿房舍，周围有许多村庄环绕。通向那里的道路是经过从脚下有村庄所在的大山那里伸延下来的山岭。考虑到敌军是骑兵[④]，希军见到山自然很高兴。可是，当他们出了平原已经登上第一座山顶，正往下走以便登上下一座山岭时遭到波军袭击，从山顶上投射弹丸石块和箭矢，战斗非常猛烈[⑤]。他们不仅给希军造成很大伤害，而且占了希军轻兵的上风，把希军困在重甲兵列之内与非战斗人员混在一起。在这一整天里

① 即五十人和二十五人的指挥，或半个连及四分之一连的指挥。——英译者注

② 阵式成方空形。色诺芬所说的“端翼”(winqs)是指方阵前方左、右两端；所说的“侧翼”(flanks)是指方阵的两个侧边。显然有三个特殊连队摆在方阵前边的中央，另三队则在后方相对应的位置上。——英译者注

③ 班或四分之一连队由二十五人组成（即 24＋指挥员），一般是三人并肩行进，即前队三人齐步，纵深八人。连队可有三种方式列阵：(甲)前队一班，纵深四；(乙)前队两班，纵深二；或(丙)前队四班，深度一〇三个连队在列阵中彼此并排，(甲)从而前列有三个班或九人；(乙)前列有十八人；(丙)前列有三十六人。前方阵前面这三个特殊连队的这三种安排便是色诺芬分别称为“按连”、“按排”和“按班”的。——英译者注

④ 这在平地上是最有效的。——英译者注

⑤ 正如泽尔士的队伍在德尔莫皮利。——英译者注

投石手和弓箭手都完全不能发挥作用。希军紧迫之余对来攻敌人予以追击,但他们是重兵,到达山顶很慢,而敌人很快便逃窜无踪。每次追击回到主体部队时,他们又同样遭到扰害。在第二座山岭又出现同样遭遇。因此,在登上第三座山岭之后,他们决定暂在山峰按兵不动,而带领一支轻装盾兵从方阵右侧绕到山上另一个位置。一旦这支队伍高踞在尾随希军后卫的敌军之上时,后者便停止了攻击下山的希军,怕被切断而前后两方被希军围困起来。当日希军便这样继续行军,一大队通过山岭的这条路,另一大队则沿一平行路线在山坡前进,到达了这些村庄。在那里他们指派了八名外科医生,因为伤员很多。

在这些村庄里他们停留了三天,一方面是为了照顾伤员,同时也由于他们有了大量给养——面粉、酒酿和为马匹收集的多量大麦。所有这些物资都是由本地区代理总督收缴来的。第四天他们开始进入平原。但是当蒂萨弗尼斯率部赶来时,情势的紧迫教育了他们,在看到的第一个村庄扎下营来而不继续执行一面进军一面作战的计划。因为许多希军不能继续作战,不只是伤员,还有运载他们的人和运载伤员的武器的人。扎营之后,波军向村庄接近前来试图远距攻击时,希军很得势,因为占据一个位置,从那里抵抗攻击大不同于行军中与尾追的敌人作战。

时进黄昏,敌军该撤了。因为波军从不在离希军营六十司塔迪距离之内扎营,怕希军对其夜袭。波军一到夜晚便成了一副可怜相。马匹拴了起来,往往也绊住腿,怕它们跑掉。因此,有警时波军须先把马配上鞍鞴缰具,然后再穿上自己的胸甲、上马——而这些事情夜间混乱之中是难办的。正因如此,波军扎营在离希军颇远的地方。

当希军发觉波军想撤，正在传话时，希军在敌人能听到的情况下传令打点背包准备前进。波军耽搁他们行军有一刻工夫；但天色已晚，他们便走开了，因为他们认为跟着行军，夜间到达营帐不合算。当希军最后见到他们离去时，他们起营独自上路，赶了不下六十司塔迪的路程。如此，两军相隔过远，次日敌军未曾出现。第三天也没有出现。可是到第四天，在夜间推进之后，波军占据了希军必经之山右边支岭的一个高地。通往平原之路沿此岭脚下经过。

客里索甫斯一见这个支岭已被占据，便唤色诺芬从后卫到前面来并随带轻装步兵。可是色诺芬不要带轻装兵，因为他能见到蒂萨弗尼斯及其全军出现了[①]。他自己骑马奔向前来，问道，“你唤我做什么？”客里索甫斯答道，“完全清楚，俯临我们去路的山岭已被占据；如不把这些人除掉是过不去的。你为什么不带轻兵前来？”色诺芬答说他认为敌军已在逼向前来，脱离后队使无保护是不好的。客里索甫斯道，“好啦，无论如何，此刻必须想法把这些人从高地赶走。”这时色诺芬注意到山巅紧靠他们自己军队的上方，从山巅有一条路通往敌人所在的山岭，便说道，“客里索甫斯，我们最好的办法是全速赶到山顶，因为一旦我们占有了它，我们前进道路上那些人就无法据位待攻。那么，如果你愿意留在这儿指挥军队，我就去；或者，如果你愿去山顶，我就留在这里。”客里索甫斯说，“好啦，凭你挑选随便哪个任务吧。”这时，色诺芬说他比较年轻，就去山顶吧；但他促请客里索甫斯从前方给他派些兵跟他去，

① 即从右方。——英译者注

因为从后方带上人来路就太长了。于是客里索甫斯给他派了前方的轻盾兵，再由方阵里面的人来填补。他又命令他自己手下方阵前面的三百精兵跟色诺芬的士兵同去。

于是他们便尽速起身前往。但是岭上敌军一见他们冲向山巅，便也开始和希军竞赛向山巅冲去。这时希军大喊大叫鼓舞战友努力前冲。蒂萨弗尼斯的队伍也同样喊叫向前。色诺芬骑在马上沿列走着，为他的士兵打气加油向前冲，喊道，“我的好人们，请相信，现在你们在为希腊而竞赛。此刻竞赛为了回到你们的妻子儿女身边，这一刻艰苦努一把力便可免去我们以后路程上的战斗。”但是司孔尼亚人索特里达斯说道：“色诺芬，我们不一样；你骑着马，而我携着盾牌累坏了。”色诺芬一听此言，便从马上跳下来，把索特里达斯从队里推出去，夺起他的盾牌带着，尽快地冲上前去。这时正好他还穿着他的骑兵胸甲，因而负担极重。他一面催促他前面的人走上去，一面让后面的人越过他去，因为他发现难于跟上。可是，其余士兵对索特里达斯投、打、辱骂，直到逼着他拿回他的盾牌继续前进。这时色诺芬重又上马，在骑马能行时在马上领路；但当地面太难走时便下马徒步向前赶路。他们比敌军先行到达山顶。

V

这时波军便个人自顾自地转身逃跑，而希军占领了山顶。蒂萨弗尼斯和阿里柔斯的队伍转向另一条路不见了。客里索甫斯所率军队进入平原，着手在一个贮满物资的村庄里扎营安寨。在这底格里斯河两岸平原上还有许多别的村庄，也是物资丰富。天色已晚时，突然敌人出现在平原上，砍杀了几个散开搜劫的希腊士兵。实际上，好多群牲畜在带到河那一边去的路上已被掳走。这时蒂萨弗尼斯及其同伙企图放火烧村；有的希军精神极为沮丧，怕当敌人的企图成功时，他们将无处得到给养。这时前去营救劫取者的客里索甫斯和士兵正好回来。色诺芬已正从山顶下来，沿队骑行时碰上了营救的希军队伍，说道："希腊兄弟们，你们看出来了吗？他们已经承认这个地带是我们的了。因为缔约时他们规定不许放火烧毁国王的领土；现在他们自己在焚毁一切，好像这地带是被放弃了。无论如何，如果他们自己在任何地方存有物资自用，他们定会看到我们也到那儿去。但是，客里索甫斯，我认为我们应当向这些纵火者冲上前去，如同保卫自己家乡的人。"客里索甫斯说，"噢，我倒不那么想，宁要我们自己也动手去烧，那么他们便就会更快地住手。"

当他们到达营地时，队伍正忙于弄给养，而将官和队长们在开会议事。这里情绪极为低落，因为他们一边是极高的山，另一边是水深没枪的河。正烦恼时，一名罗德斯人来到跟前，说道："诸位，我准备帮你们渡过河去，一次四千名重甲兵，如果你们提供我所需要的东西并付我一斛银钱为酬。"问到所需何物时，他答道："我将需要两千张兽皮。我见到有好多绵羊、山羊和牲畜、驴子；扒下它们的皮，吹起来，便会容易地成为渡河工具。我将也要你们驮畜上用的肚带，用它们把皮张系在一起，并把石头系在带上，像锚般地沉入水中，使皮张停泊下来。然后我将把这一列皮张横布过河去，两端系紧固定住，在上面堆放上乱草和土。你们一会儿就可以放心，不会沉没，因为每张皮可浮住两人，而乱草和土可以防止滑跌。"听到此话后，将官们认为这个主意倒是不错，但难于实行。因

为河那一边有人阻挠，一大队骑兵一开头便会阻止先头人员实现这个计划的任何部分。

在这种情况之下，烧掉眼下的村庄之后他们第二天整日向相反方向进军，回到没有烧掉的村庄。结果，敌人不但没有进攻，只是瞪着眼睛观望着希军，好像在纳闷到底他们要转向何方，在打什么主意。在一天完结时，军中别人寻找给养，将官们则又开了一个会。在会上他们把捉到的俘虏集到一起，询问他们周围一带每个地区的情况。俘虏说往南一带的路通往巴比伦和米底亚，就是他们刚刚经过了的那一省份；往东去的路通往苏萨和埃克巴塔那，据说国王在那里度夏；过河往西去是通往吕底亚和爱奥尼亚的路；通过山地往北的路通向卡杜客亚人地区。据说这些卡杜客亚人住在山上，好战，不属国王管辖。国王一度曾派十二万大军去攻打他们，但由于这个地带崎岖不平，无一兵生还。可是每当他们和平原上的总督订一条约时，平原上的一些人却是和他们互有交往。

听取了这些自称明了各方道路的人的陈述之后，将官们便令他们退下，丝毫没有显露他们打算往哪方进军。可是这些将官的意见是必须通过山地到卡杜客亚人地带去，因为俘虏们说，过了这一地带就要到达亚美尼亚。奥戎塔斯是这一广大繁荣省份的长官，而且据说从那里便可想往哪方去都容易了。于是将官们便祭献神灵，以便能在认为最好的时刻开始进军[①]——因为他们怕山中关口通道会被事先占据。他们发出命令，队伍吃罢饭都要各自打点起自己的物品、去休息，待命令发出便即刻整队出发。

① 一般都是在军队即将出发时进行祭献。——英译者注

卷　四

I[①]

约莫末更时分,天亮以前还能摸黑渡过平原时,号令一下他们便起身前进,破晓时到达山下。客里索甫斯带领他自己的部队和全部轻装队伍作为先行;色诺芬带领后卫重甲兵跟在后面,没有任何轻兵,因为当他们上山时好像后面没有任何追击的危险[②]。客里索甫斯在没有敌人发觉之前便到达山径顶端,然后缓缓引路先行。全军各部过了山顶,跟随行进,来到散布在山谷角落里的村庄。卡杜客亚人弃舍了他们的房屋,携带妻子儿女避往山里。给

---

① **上卷提要**:前几卷叙述了长征途中所发生的一切事情,直到打起仗来;战役后国王和随同居鲁士进行长征的希军协议休战时期所发生的事情;以及国王和蒂萨弗尼斯破坏休战,波军尾随骚扰希军后方的战事过程。最后当希军到达一个地点,那儿底格里斯河由于深而宽无法渡过,而那里沿河又无通路,因为卡杜客亚山险峻地阻挡着,将官们被迫决定经由山地穿过。因为他们听所获俘虏说,一旦他们通过卡杜客亚山到达亚美尼亚,如果愿意的话便能在那儿跨过底格里斯河上游源流,或者绕行过去。他们也了解到幼发拉底斯河上游源流与底格里斯河的相隔不远——实际上确是这样。他们侵入卡杜客亚领土是下述这样子进行的,因为他们不但想避免被觉察,而同时还想在敌人能占据这些高地之前抵达该处。——英译者注

② 要记住,在最近与波军遭遇冲突中轻兵比重甲兵显得更为得力。——英译者注

养很丰富，希军尽可取用，屋内还备有很多青铜器皿。但希军不带走任何一件器皿，也不追赶那些人，毫不粗暴，希望卡杜客亚人看在希军也是波斯国王之敌，而可能友好地让他们通过这个地带。但是他们取用了发现的粮秣给养之类的东西，因为需要；向他们打招呼时，这些卡杜客亚人却既不理睬，也无其他友好的表示。当希军后卫部队从山路顶端走下来到村庄时——这时天色已暗，因为路窄难行，他们上去、下来用了一整天——有些卡杜客亚人聚集起来向希军最后部队发起攻击。虽然他们人数很少，仍杀死了一些希军，用石头和箭矢也重伤了一些，因为希军碰上他们是出乎意料之外的。但那时若是他们聚集的人数再多些，希军大部就会有被摧毁的危险。于是希军露营在村庄里；同时卡杜客亚人在山上四周点起好多火把，彼此相互喊叫。

天亮时将官、队长们会合到一起，决定在行军中只携带必不可少的东西和最强壮的辎重驮兽，而把其余的放弃；同时放掉军中所有新捉的俘虏，一个不留。因为驮兽和俘虏很多，使行军迟缓，管理他们的一大批士兵也就被弄得不能参加战斗行列。另外，添那么多人吃饭，必须寻找和携带双倍的给养。决定之后，他们便宣布命令，分头执行。

当他们吃过早饭正要出发时，将官们不声不响地派人把住隘道，着手检查队伍中是否有未丢掉上述指定的物品，一旦发现就拿走。士兵们都从命；只是有的人，例如心爱一个漂亮的男童或妇女，却偷偷私运过去了。这一天他们打一阵、歇一阵地继续前进。次日，刮起大风暴，但他们必须继续行军，因为给养不足。客里索甫斯头前开路而色诺芬指挥殿后。这里敌人发起了强烈攻击，并在途中狭窄处逼近，投石、放箭。结果希军被迫去追赶，然后退回，因此进程缓慢。往往当敌人逼紧时，色诺芬传话给客里索甫斯，让等候一下。客里索甫斯在传话过来时经常等待，但这一次他却不那样做，而是带头迅速前进，同时传回命令，要跟上他。这显然是有了特殊情况，但没有工夫走上前去弄清他们所以这样匆忙急奔的原因。结果，后卫部队的前进倒更像是一场战斗，而不是行军。这时，一位勇士拉孔尼亚人琉尼木斯，被一箭射穿盾牌甲胄进入腰部致死；阿卡狄人巴西亚正好被射穿头部，也牺牲了。

一到停歇的地方，色诺芬便径直走向客里索甫斯处，责备他为何不予等候，而迫使他们一面奔跑，一面战斗。他接着说，“现在，两名英武勇士已经牺牲了性命，而我们还不能收拾他们的尸体给予掩埋。”客里索甫斯的回答是，“你看一看这些山，它们都是多么险峻而无法越过！只有那么一条路，你看到了，而且很陡。在那里，你可以看见那一大堆人占据着，把守着我们的出路。所以我急忙快行，而不等候你，因为我希望抢在他们前面到达那关口，占据它。我们的向导说没有别的路。”色诺芬答说，“好，我这里还有两个人。因为当敌人跟我们捣乱时，我们打了个伏击。一方面我们可以喘口气，而且杀死了他们不少人。我们特别下了工夫弄来几个了解这个地带的俘虏，正是为了用来当向导。”

他们立即把这两个人带上来，分别打听是否知道除眼前的路之外还有别的路。第一个人说不知道，虽然对他进行了许多威吓。既然他不肯提供情况，便当着第二个人的面把他杀掉了。第二个人说，前者声称不知另有道路，是因为他有一个女儿跟所许丈夫正好住在附近一带。他说他愿意领希军走一条连辎重驮兽都能通过

去的路。问他路上有没有难于通过的地点，他回答说，有一个高地，若不先夺占，不可能通过。

于是决定召集轻装和重甲兵队长，向他们说明当前情况，并问是否他们当中有人要做勇士志愿承担起这次出征的任务。志愿者们走向前来，重甲兵中有麦提德利安人阿里司顿尼穆斯和司腾法利亚人阿加西亚走向前来志愿前往，同时帕拉西亚人卡利马库斯也出来和他们争着要出征，说他愿带领全军志愿兵担任这一征战任务，并接着说，"因为我知道如果我带头，好多青年人将要跟我前去。"于是他们问轻装部队队长们是否有人要参加这一进军。志愿者有开俄斯人阿里司提斯。他多次在这样的任务中对全军有功。

Ⅱ

现在已是后半晌，他们命令志愿者吃点东西就出发，并把向导捆起来交给他们，约定若是夺占了高地要把守一夜，天亮时吹号为信。那时节高地上的人要对把守出路的卡杜客亚人进行攻击，同时军队主力前往支援，尽快向前推进。约定之后，两千人左右的志愿人员便出发前进。这时大雨如注。同时色诺芬带领后卫部队开始向明显的出路前进，以便吸引敌人注意此路，而使迂回绕路的部队[①]尽可能不被察觉。但是，后卫部队在向这座陡山进军之前必

① 即志愿人员。——英译者注

得经过一个峡谷，这时节异邦人[1]开始向下滚投有一马车载重量那样大的圆石头，也夹杂着大些的和小些的。石头滚落下来，砸在岩石上，碎片飞溅各处，简直无法接近上山的路。有些队长，不能由此路前进，就要搜寻别的出路，就这样他们一直挨到天黑，直到他们认为撤回不会被察觉时才回去吃饭——这时他们连早餐也还没有用。从声响能断定，敌人一整夜不断地往山下滚掷石头。

同时，跟向导绕路走的那一支队伍，发现山上的卫兵[2]正围火坐着。他们把其中一些杀死并把其余赶走之后，自己便留在这个位置上，他们以为已经占领那个高地。但实际上，他们并没有占据高地，因为高地还在他们上面，是一座圆形山岭，而要通过此山岭，必经刚才守兵所坐的这条狭路。可是，从他们所占的这个地方，有一条路可以通到位于明路上的那个山岭，敌军主体驻扎在那里。于是他们便在这个地方过夜。天刚蒙蒙亮，他们就无声无响地摆好战阵又继续向敌人前进。因为天有雾，所以他们来到敌人跟前还没有被发觉。当彼此看得见对方时，号声响起[3]，希军高声呐喊冲向敌人。卡杜客亚人并未迎战，弃路逃走。只有少数人被杀死，因为他们是一些灵巧敏捷的人物。这时客里索甫斯及其所部，听到号声立即由明路冲上前去。另外一些将官则各自就所在地点，也不经什么道路，用枪彼此互相拉提尽量向上攀登。是他们最先和已经占有了此地的部队会合的。

① 原文 barbarians 在这以后已经不是指波斯人，而是指波斯王统治下的部族，他们与波斯王为敌，故译异邦人。——中译者注

② 即他们所期望找到的在所述高地上的守卫。——英译者注

③ 约定好的信号。——英译者注

色诺芬带领后卫部队的一半出发，上了向导所引的一支队伍走去的同一条路，因为这条路对驮兽来说是最容易走的。在驮兽后面他布置了后卫部队的另外一半。前进时，他们来到敌军夺占了的那条路上的一个山岭。这时他们只能要么是除掉敌军，要么是完全被隔断同其余希军的联系。就队伍本身来说，他们完全可以采取其余希军[①]所走的那条路，但驮兽却只能走色诺芬所取的这条路[②]。于是马上彼此互相鼓气，各连队排成纵队冲向此山，不包围它，而是给敌人留一条退路，以便他们选用。有一阵子，当希军各自由能寻到的路向上攀登时，异邦人发射箭矢和其他弹丸对其进行攻击。但他们不让希军近前来，却弃地逃跑了。希军刚一过此山便看见前面有另一座山，也是敌人占据，便决定照样攻上前去。可是色诺芬害怕若不占据刚才所夺取的山岭，敌人可能重新占据它，当辎重队伍经过时予以攻击（辎重队伍伸延好长，因为所取路道狭窄）。他便留在山上三名队长，雅典人赛菲索芬之子赛菲索多汝斯，另一雅典人安菲德穆斯之子安菲格拉底，和阿盖斯流放者阿卡戈剌斯；而他本人和其余队伍冲向第二座山，又像第一座一样夺取下来。

还有第三座圆山[③]，远比其余的更为陡峭，俯临那夜志愿兵所夺占的火旁岗位。但当希军来近此山时，他们毫无攻击便弃山而走。人人都感惊异，想象他们是由于恐惧而放弃了此地，怕是会被

① 客里索甫斯及其所部。——英译者注

② 使辎重驮兽也能通过的。——英译者注

③ 卡杜客亚向导原来所说的那一个。——英译者注

包围、封锁。可是，当他们从高地往下一看，见到在更远处的情形，都正在出发去攻击希军的后卫[①]。这时色诺芬带领最年轻的队伍登上放弃了的高地，命令其余的人缓缓行进，以便最后面的连队能跟上来。然后他们将沿路前进，在山关顶上戎装待命地停下来。

这时节，阿盖斯人阿卡戈剌斯奔跑前来，报道希军已从第一座山上被赶走，赛菲索多汝斯和安菲格拉底及所有其余的人也被杀死，只有那些从山石上跳下来的人接上了后卫部队[②]。完成了此举之后波人来到圆山对面一座山上。色诺芬通过译官和他们进行了对话，谈到休战并请他们交还希军被杀人员的尸体。他们答说，如果希军不焚毁他们的房舍，将会交回尸体。对此色诺芬应允了。但当其余军队正在经过，而他们正在议谈时，附近一带的敌人全都涌到这个地点。一伺色诺芬及其士兵开始走下圆山以便和其余希军在整装等待的地方会合时，敌人乘机大力向他们冲击并大声呐喊。当他们到达了色诺芬正在走下的山顶时，便往下滚投石头。打断了一个人的腿，携带着色诺芬的盾牌的勤务员也逃离了他。但是一名重甲兵，吕西亚人攸利洛库斯跑到他跟前，用他的盾牌遮在他们两人前面，跟他退了下来，其余的人也得以退到主力阵脚处。

这时全部希军连在一起了。队伍便在那里住进很多上好房舍里，并且拥有丰富的物资供应。因为居民有大量的酒，多至贮藏在

① 即留在色诺芬队伍主力现在已经过来的那第一座山上的三个连队。——英译者注

② 这里显然是指辎重队后面的部队。——英译者注

封闭的水池里。同时色诺芬和客里索甫斯安排好收回战死人员的尸体,并交还向导。对阵亡士兵,他们尽力之所及给予了勇士经常受到的各种荣誉。

第二天他们继续行军,没有向导,而敌人则在道路狭窄处一面打,一面事先夺取据点,试图阻止他们通过。因此,凡是当他们阻挡先头部队前进时,色诺芬便从后卫冲向山上,想法达到阻挡敌人的上方,以打破封锁;而凡遇到他们攻击后队时,客里索甫斯便冲上前去,想法上到比阻军更高之处,为后队打开封锁的道路。就这样,他们不断地相互协助、热心照顾。有时这些异邦人确实对已经攀登到高处又往下走的队伍制造很大的麻烦,因为他们的人非常轻便敏捷,即使从你身边逃跑时也能逃得脱,况且他们除了弓箭、投石器之外别无他物携带。他们是极出色的射手,他们的弓近三臂长,箭长二臂多。射箭时他们用左脚协助登紧弓背的下端然后拉弦,箭射出后能一下子射穿盾牌和胸甲。每当希军得到这些箭,便缠上皮条用来做投枪。在这些地方克利特人极起作用。他们由一名叫司特拉托克里斯的克利特人指挥。

Ⅲ

那一天他们又[①]在肯特里特河边平原上的村庄里找到住处。此河宽约二普勒特隆,介于亚美尼亚和卡杜客亚人地带之间。在这里希军得到喘息,很高兴看到平原。此河离卡杜客亚人山地有

① 前一夜他们也住在村庄里。——英译者注

六七司塔迪之远。这时,他们便走进住处,很高兴,因为他们有给养,又有那些刚刚过去的苦难的回忆。在他们经过卡杜客亚人土地行军的这七天当中,他们总在不断地战斗,所受的罪比波斯国王和蒂萨弗尼斯所招致的全部加在一起还要多。所以,感到免除了这些麻烦,他们便欣然就卧安歇了。

可是,天亮时,他们发现河对岸一处有全副武装的骑兵,准备阻挡他们的去路。骑兵上面是悬崖峭壁,也有列好战阵的步兵,要阻止他们推进到亚美尼亚。所有这些都是奥戎塔斯[①]和阿图卡斯[②]的队伍,其中有亚美尼亚人、马尔狄亚人和卡尔丹雇佣兵。据说卡尔丹人是独立的、英武的人民。他们使用长藤盾牌和长矛作武器。方才所说的摆好队伍的悬崖离河有三四普勒特隆远,看见的只有一条路通向该处,显然是人工路。于是在这个地点[③]希军准备过河。可是当他们试过时,发现水深没胸,而且河底有大而滑的石头,很不平整。另外,他们无法在水中携带盾牌,因为如果那样水流就会把他们冲走。若是顶在头上,身躯便无法避免弓箭和其他弹丸的攻击。于是他们转回来在河边上扎下营来。同时,在前一夜所住地点的山边上,他们能见到大批卡杜客亚人武装起来聚在一起。这时希军极为沮丧泄气,因为有河难过,河那边且有队伍要阻挡渡河,而后面又有卡杜客亚人准备在他们强渡时攻其后队。

---

① 亚美尼亚总督。——英译者注

② 一名波斯军官。——英译者注

③ 即此路对面,那里他们估计自然有办法渡过。——英译者注

因此，他们在这里停了一天一夜，颇为焦急不安。但是色诺芬得了一梦：他被上了枷锁，但是枷锁自动脱落了，于是他自由了，能够想走多大步子就走多大了。天还没亮时，他去找客里索甫斯，告诉他说有希望一切会好起来，并讲起他的梦。客里索甫斯很高兴。一等到天开始亮，所有将官都来到跟前，着手祭神供献。第一个祭牲兆头就很吉利。于是将官和队长们便退下，发令让队伍吃早饭。

当色诺芬正在吃饭时，两个年轻人跑来见他。因为人们都知道，凡是有关战斗的事，不管他是在进早餐或正餐，都可以来找他；如果他在睡觉，也可以唤醒他向他报告。现在这两个年轻人是来报告他们在拣干柴准备生火时偶然间看到河那边的情况：有一个老头、一个妇女和几个小姑娘把看来像衣服包裹似的东西藏进一直伸延到紧靠河边的岩石当中的岩洞里。看到这事，他们断定过河是安全的，因为这是一个敌人骑兵来不到的地方。于是他们脱了衣服，只带短刀，赤身去过河，以为他们必得泅水。但是向前走到对岸，连半腰都没有湿到。渡河之后，他们取了衣服包裹，便又回来了。

听了这个报告，色诺芬立刻自己对神祭酒，并指使侍从给青年注了一杯，对显示了此梦和此渡口的神祈祷，也求神帮助实现其他好事[①]。洒酒祭奠之后，他马上领着这两个青年去见客里索甫斯，向他重述了此事。客里索甫斯听了也祭酒如仪。事后他们命令队伍打点行装，而他们自己把将官们叫来商议如何能最好地完成渡河任务，并打败前面的敌人而不受后面敌人的伤害。决定让客里

① 特别是安全渡过和安全返回希腊。——英译者注

索甫斯带领一半队伍先行，试图渡河；另一半队伍同色诺芬暂时在后面停一刻，辎重驮兽和随营人员在前后两部之间渡过。

这些安排满意地做好之后，他们出发了。年轻人靠河右岸在前领路，这里徒涉到对岸约有四司塔迪之遥。当他们前进时，敌骑兵队也对着他们行进。希军到达渡口就停下来整装待命。客里索甫斯往头上带了一个花环①，撇开他的罩袍，拿起武器，命令所有其他的人也这样做，并指使队长各自带领连队成纵队，一部分在他左侧，其余在右侧。同时预卜官们在向河祭神供献，而敌人在射箭、投石，但尚未击中。牺牲兆头吉利，全体士兵响起赞歌并高声呐喊助阵，妇女们也都一个不差地与男人同时喊叫呼应——因为在营中有好多妇女。

这时客里索甫斯及其所部进入河中，而色诺芬则带领后卫部队中最机敏灵活的队伍开始向后全速奔向通往亚美尼亚山地道路对面的渡口②，佯作想要在那个地点渡过，从而切断③沿河骑兵的姿态。敌人一见客里索甫斯所部轻易无阻地渡过河来，而色诺芬和他的士兵却往后跑，大吃一惊，怕被切断，便全速逃奔向那通河的道路。一到了路上，他们便急忙向山上跑去。这时，指挥希军骑队的吕修斯和跟随客里索甫斯的轻装营指挥官埃司基尼斯看到敌人全面溃逃，便奋起直追；其余希军则呐喊助阵，以使他们不落后，要把这些逃兵一直追到山上。此刻客里索甫斯过河之后，不想去

① 正如斯巴达人交战前所习惯做的。——英译者注

② 即原来那个不可能行的渡口。——英译者注

③ 从侧翼向其攻击。——英译者注

追击敌人骑兵，而是马上冲过连到河边的峭崖向上面的步兵攻去。这些兵，看到他们自己的骑兵在溃逃而又有重甲兵攻上前来，便放弃了河上高地。

色诺芬见到那一边一切进行顺利，便尽快转身往回奔，与正在过河的队伍会合。因为这时节看到卡杜客亚人正在走下去进入平原，显然是想攻击最后面的部队。这时客里索甫斯占领了这些峭崖，吕修斯带领他的小队[①]冒险向前追击，已经俘获了敌人行李辎重队的零散部分，掳物中并有上好衣装和饮杯。这时，当希军辎重队和随营人员正在渡河时，色诺芬掉转部队，面向卡杜客亚人并下令队长各自把自己的连队按班编排，使各班向左列好战阵。于是队长和班长们便面向卡杜客亚人，而使队尾停在向着河的一边。卡杜客亚人一见后卫部队没有了那群随营人员，现在看来人数并不多，便更加迅急地攻上前来，口里还唱着一种歌子。在客里索甫斯方面，因为一切都安全，他便把轻装步兵投石手和弓箭手派回到色诺芬处，让他们去执行色诺芬的任何命令。但当看到他们开始过河时，色诺芬派来一名信使，让他们就地停留在河岸上，不要渡过来。但当他自己的队伍该开始过河时，他们要在对面下到河里，在这边和那边，好像要渡河，投枪手握持箍带，弓箭手箭在弦上，但不要进河很远。色诺芬命令自己的士兵，当投石能打到盾牌发响时，要奏起胜利赞歌，冲击敌人。当敌人转身逃跑，河岸号手吹起冲锋号时[②]，他们要向右转，队尾带头，全体士兵要尽快地跑去渡

① 只有五十人。——英译者注

② 以便欺骗敌人。——英译者注

河，各守各的队位，以免互相影响。第一个到达彼岸的是英雄。

卡杜客亚人看到希军剩下的人不多了（因为甚至连指派留下的人也有的走开去照看驮兽、行装或妇女去了），便勇猛地逼上前去，开始投石、射箭。于是希军响起了胜利赞歌，跑步向他们冲击。他们没有迎战，因为，虽然他们装备齐全足以在山中进攻和退却，但不足以对付交手战斗。此刻希军号手吹起信号，一方面敌人开始比以前更快地奔逃，而希军则掉转头来极迅速地自己逃走渡过了河。有少数敌军，觉察到这种行动，跑回来到河边，射箭伤了少数希兵，但他们当中大多数，甚至希军已到河的彼岸时，仍可见到还在继续奔逃。同时，前来迎接色诺芬的队伍，行动勇武，前进得过于远了。他们在色诺芬所部的后面渡回去，也有些受伤。

Ⅳ

完成了渡河行动之后，他们在中午时分列成战队进军，行经亚美尼亚。所过之地不下五帕拉桑都是平原旷野和丘陵地带。由于亚美尼亚人与卡杜客亚人之间的争战，此处近河没有村庄。最后他们来到一个很大的村庄，还有总督的一所宫殿，大部房舍都有塔楼围护，给养丰富。由此他们前进两站、十帕拉桑，一直到他们过了底格里斯河的河源支流。从这里他们前进三站、十五帕拉桑，到了底格里斯河。此河虽然不大，确是一条美丽的河流。左近有好多村庄。这一地带被称为西亚美尼亚。它的副总督[①]名叫提里巴

① 全亚美尼亚总督奥戎塔斯的属下。——英译者注

组斯，是波斯国王的朋友，而且只要有他在，他是唯一可以帮助国王上马的贵卿。他带领一队骑兵来到希军跟前，派一名翻译上前，说他想跟希军的指挥官会谈。将官们决定听听他要说些什么，进前到相距能听清的地方，问他有什么事情。他答说他想订一协约，条件是他们方面不加害希军，希军勿焚毁房舍，但可取用所需的一切物资。将官们接受了这个提议，他们便据此签订了一项条约。

从这里他们行军三站、十五帕拉桑，通过平坦的原野。提里巴组斯及其所部在后面跟随，相距约十司塔迪。他们来到一所宫殿，周围有好多村庄，里面有大量的给养物资。他们在这里扎下营来。夜间下了一场大雪①。早晨他们决定让军队各部跟指挥官住进各村庄，因为看不到有敌人。这个计划好像是安全的，因为雪下得很大。这里他们可以得到一切可能有的好东西——祭神的牲畜、粮食、香醇的老酒、葡萄干和各种豆类。但是有些散居到各村的人报告说他们夜里看到好多火光闪耀。因此将官们断定让军队各部分开居住是不安全的，还必得把所有队伍聚到一起。于是他们聚拢来，特别是因为风雪好像要停下来。但是当他们露宿时却下了一场特大的雪，除了妨碍驮兽的行动，还把武器和睡觉的人全部覆盖起来。每个人都不愿意起来，因为，人躺在那儿，身上的雪——若是不滑下来——使人觉得发暖。可是色诺芬一鼓作气起来了，不披外罩，便去劈木柴。另一人也很快起来，拿走他的斧头，便接着劈起来。这时另外一些人也起来，动手去生火、涂膏，因为他们在那里发现大量用猪油、芝麻、苦杏仁或松节油制成的用来代替橄榄

① 这时是十一月末。——英译者注

油的油膏。他们还找到用同样成分制成的芳香油。

此后,他们认为还需把队伍再分开住到各个村庄的房舍里。人们回到房舍,又有了给养,便高兴地大声喊叫起来,而那些以前荒唐地把离开的房舍焚毁的人们,遭到了报应去住坏房。此后他们派腾努斯人德摩克拉提斯带领一支队伍夜间去到散居者说见到火光的山里,因为这位德摩克拉提斯以往好多次在这类事件中报告准确、以实事求是著称。回来之后他说没有见到火光,可是却带回一名携有波斯弓与箭囊以及像阿马孙人所用的战斧一样的人。当问他从哪儿来的时候,他说他是波斯人,打提里巴组斯营地出来找给养。问他提里巴组斯队伍有多少人,募集这支军队为了什么,他答道那是提里巴组斯自己的兵力和一些卡卢比亚及陶基亚雇佣军,准备占据山中唯一峡道上一个要害位置来攻击希军。

将官们听了这些话,决定把队伍集合到一个营地。留下一支守卫部队,并由司腾法利亚人索菲涅图斯将官指挥留守人员,他们立刻出发,以这个俘虏为向导。他们刚一开始过山,轻装兵在前冲锋,遥见敌营,不待重甲跟上便呐喊起来向敌营冲击上去。异邦人听到吼叫并未应战就逃下阵去,可是也有些人被杀死,并掳走约二十匹马和提里巴组斯的营帐,内有考究的银脚卧榻和酒杯,以及据说是他的厨师、侍酒官等人。重甲步兵将官一听到这些战果,他们认为最好尽快回到自己的营地,怕落在后面的人会受到攻击。于是他们马上吹起收兵号往回赶路,当日到达营地。

V

次日好像他们必须全速继续行程，以免敌军能再度集合占据关隘路径。于是他们打点行装立刻出发，在深雪中随好多向导行进。不到天黑时他们便过了提里巴组斯打算占据对他们发动攻击的山顶，并扎营下来。由这里他们行经荒原三站、十五帕拉桑，奔向并渡过幼发拉底斯河。河水湿及肚脐，据说离河源并不太远了。

由此他们踏着深雪行经平原，三站、十三帕拉桑。第三站相当困难。北风迎面吹来，把一切东西和人都冻坏了。这时一位预卜官让他们向风神祭祀供献。祭罢之后，显而易见地风力减弱了。但雪深一寻，很多驮兽和奴隶死掉，连同约三十名士兵。他们用火取暖度过这一夜，因为部队驻地有大量木柴；但后来的人就没有了。结果，早来的有火的人不让后到的人接近火，除非是他们把所有的小麦或任何其他可吃的东西分给他们一份。于是他们便彼此分享了各自所有的东西。凡是生了火的地方雪就融化了，结果出现了通下地面的大洞，当然在这儿便可以量出雪的深度。

从这里他们次日一整天在雪地行进，很多人病倒，饿得发晕。色诺芬和后卫部队见到士兵中途病倒，不知是怎么回事。有一个了解这种病情的人告诉他说，这显然是饿晕，若是给点吃食便能起来。他马上跑到辎重驮兽那里，凡是见到任何可吃的东西便分给病人，或者派有体力沿队奔跑的人把食物送给他们。吃了些东西之后他们便起来了，继续行军。

在军队行进中，客里索甫斯约在黄昏时分到达一个村庄。发现墙外水泉有从村里来的妇人和姑娘前来打本。她们问希军是什么人，译员用波语答说，他们是从国王那里赶路去见总督的。妇女说总督不在那里，而是在还有一帕拉桑之远的地方。这时，因为天色已晚，希军跟随取水人进寨去见村长。结果客里索甫斯和所有力足到达村庄的人都在那里落宿，而那些未能竟此路程的人则只得在旷野露天过宿，无食、无火；这样便有些士兵死掉。

同时，他们后面有敌人在跟踪。他们有些人已经成帮结伙在抢夺困乏无力走下去的驮兽，并且彼此互争。有些士兵也跟不上了——有些人眼睛被雪照射得发晕，有些人脚趾被冻烂掉。一个人行进时，前面有些黑东西能保护眼睛不被雪照射弄坏；总在走动而不停静下来能保护脚，或是夜间脱掉鞋子。人睡时穿着鞋，带子陷入皮肉，鞋子冻结在脚上，因为他们的旧鞋已经穿破，所穿着的乃是新剥牛皮做的粗鞋。

是这种艰难困苦情况使得有些士兵落后了。看见前面有一块黑的地方（因为那儿没有雪），他们推测是雪已融解。实际确是雪已融化，由于附近有一泉源在幽谷中冒气。他们转向这里，坐了下来，拒绝再往前走。但是被色诺芬带着一些后队士兵看到，便千方百计地恳请他们不要掉队，告诉他们说，一大队敌人已经集合，在追踪。最后他发火了。可是这些人叫他杀死他们，因为他们不能走下去了。在这种情况下，似乎最好是恐吓在追赶的敌人，如果可能的话，以防他们收拾这些病人。这时天已经黑了，而敌人攻了上来，大喊大叫，在为掳获物而争吵。这些后卫部队士兵，因为他们安然无事，便发动起来向敌人冲击；同时这些病号也尽可能地大声喊叫，以矛击盾发出铿锵的声响。敌人闻声丧胆，窜逃经过雪地进

入幽谷，后来再也没有听到他们有任何声响。

于是色诺芬及其士兵告诉病号说，次日有人会回来看他们，便继续前进了。但他们还走不到四司塔迪距离，就会到了躺在路上雪地里的战友，裹着战袍，连一个岗哨也没有安放。他们想叫大伙起来，但这些人说前面的队伍不让路。于是色诺芬走过去，派出最强的轻装兵，命他们去看是什么在阻碍。轻装兵回报说全军都在这样地休息。这时色诺芬及其所部在派出所能派的岗哨之后也就地露营，没有火，没有吃饭。天将明时，色诺芬派他最年轻的队伍去看病号，命令让他们起来，迫使他们前进。

同时客里索甫斯派住在村庄里的一些队伍去看看后卫部队情况如何。色诺芬部队很高兴见到他们，把病号移交给他们带往营地而他们自己则继续行程，走了不到二十司塔迪便到达客里索甫斯所住村庄。当大家都会齐时，将官们决定军队各个部分分别住到几个村庄比较安全。于是客里索甫斯留在现地不动，而其他将官抽签分配到附近一些村庄，便各自带领所部前往。这时，一名雅典队长波利克拉底请求脱离他那一部分队伍。他带着一群活跃士兵跑到色诺芬抽到的那个村庄，将所有村民和村长抓起来，连同为向波斯国王进贡而养育的十七头马驹，和结婚刚八天的村长女儿。她的丈夫出去猎兔，没有在村里被抓。

这里的房舍是地下的，有一个像井口的洞孔，但下面很宽敞。驮兽有通道进入，而居民则用梯子进出[①]。房舍里有大小山羊、绵羊、牲畜、家禽。所有这些动物都在房舍里养育、饲喂。这里也有

① 这样的地下村庄在现代亚美尼亚仍能见到。——英译者注

小麦、大麦和豆类以及大碗的麦酒。这种饮料上面浮飘着大麦粒；里面有麦秆，有大些的，有小些的，没有节。人渴时把麦秆放到口里吸吮。这是一种极烈性的饮料，可以用水稀释，喝惯了是非常好的。

色诺芬请这个村的头人吃饭作客，并嘱咐他不要烦恼，告诉他说不会抓走他的儿女，而且，若是对军队给予好好的向导，一直到抵达另一部落，在离开之前他们会把给养充满他的房舍来报答他。村长答应这样做，很和气地告诉他们哪里埋藏有酒。这一夜，所有分别住在这个村庄里的色诺芬的士兵便去安歇。一切东西都很丰富。看守着村长，他的儿女一起都在眼前。

次日，色诺芬带村长出发去见客里索甫斯。每过一个村庄他就转去访问那里住下的队伍，见到他们各处都生活奢裕、精神愉快。没有一处不留他们吃饭再走，没有一处不席间摆上羊羔、小山羊、小牛肉和家禽，连同好多块大麦和小麦面包。每当有人出于友情要为另一人祝酒，便拉他到摆大碗之处，俯身而饮，像牛饮一般。对村长他们奉以特权，可以取所欲取。他多次是拒绝接受任何东西的，但每当他看到一个亲属总是要把他拉到身边。当他们到了客里索甫斯处，发现他们的队伍也在住处饮宴，头戴草环，由穿着奇异服装的亚美尼亚儿童侍奉。他们打手势告诉儿童做什么，好像聋哑人一样。

客里索甫斯和色诺芬热情地招呼之后，他们通过波语译员一道问村长这是什么地带。他答说是亚美尼亚。他们又问他这些马是为谁养的。他答说是给波斯国王进贡的。又说附近那一地带是卡卢比亚人乡土，并告诉他们道路在哪里。这时色诺芬把村长暂时带回他自己的家，并给村长一匹他弄到时已相当老的马去喂肥、供献，因为他了解到它是太阳神的圣物。他这样做是怕这匹马会死掉，因为它路上已受伤害。他自己要了一匹马驹，并也给了他的队长们每人一匹。这地方的马比波斯马小些，但精神得多。在这里村长也教给他们过雪地时在马和驮兽的脚上抱扎一个袋子，不然的话它们会陷入雪里直到肚皮。

Ⅵ

过了七天之后色诺芬把村长交给客里索甫斯做向导。他离开家人；他的正当年的儿子被交给安菲玻里人普雷提尼斯看管，以便父亲做好向导后能把他也一道带回来。于是，把尽可能多的物资放到他家之后，他们便起营，出发上路。村长未经捆绑地领他们行经雪原；但是走到第三站时，客里索甫斯对他发了脾气，因为他不领他们去村庄，说这一带没有村庄。这时客里索甫斯打了他，但是由于粗心没有对他加以捆绑。结果他夜间偷偷跑掉，撇下他的儿子。这件事是客里索甫斯和色诺芬之间在行军过程中唯一意见不合的事；虐待向导和疏于看守。但普雷提尼斯却爱上了这个儿子，把他带回家去，发现他绝对忠实。

此后他们进军七站，一天走五帕拉桑，到达法细斯河。此河宽一普勒特隆。由此前进两站、十帕拉桑。在通往那边平原的隘路上他们遇到一伙卡卢比亚人、陶基亚人和法西亚人。客里索甫斯一见到隘路上的敌人相距还有三十司塔迪时便停了下来，以免还在纵队行军时接近敌人。他命令其他军官也把连队带过来，以便形成战阵[1]。当后队已经上来时，他把将官和队长们叫到一起，说："你们看到了，敌人占据着山路狭口，我们该商议一下如何能打得最好。我个人的意见是，我们应当命令士兵用早餐，同时我们自己考虑考虑是今天、还是明天过山最好。"克里安诺说道，"我认为吃罢早餐，我们便应武装起来向敌人全力冲去。因为若是我们今天耽误过去，不只现在注视着我们的敌人将要胆壮起来，而且当他们一旦壮起胆来，另外更大批的人很可能也来参加。"克里安诺讲完之后，色诺芬说："我是这样想，若是我们必需打，我们的准备就应当考虑到这一点，即打一场尽可能强有力的仗。但若是我们愿意尽可能容易地通过去，那么，我认为我们的考虑应当基于这一点上：如何做到遭受最少的伤亡。现在这座山——或者我们见到的这一部分——延绵六十余司塔迪，而把守提防我们的人只有上边路上有，别处都不见。因此，转向此山无人占据的部分，避开敌人发觉，尽可能抢在他们前头占领它，比进攻要塞有准备的敌人要好得多。因为不战而向山上进军比在平地各方受敌要容易得多。在夜间不打而白天打，更容易看到前面的情况。不打而走崎岖不平的路，比边打边走平路，头上挨揍，要好受得多。至于抢占一个据点，我看并非不可能，因为我们可以夜行，以不被敌人看到；我们可以离敌人远些，以不被敌人听到。可是，我又想，若是我们在此处做一佯攻，山的其他部分会更无人看守，因为敌人更可能就地集成一团。我为什么老是建议偷袭呢？因为我听说，客里索甫斯，你们

---

① 使原来成纵队一个接一个行进的连队改成彼此平行的阵列。——英译者注

拉西第蒙人，至少是你们当中的贵族人[①]，从幼小时候便练习偷窃，不以为耻，而以偷得法律所不禁止的任何东西为荣。你们那里的法律是为了使你能偷得尽可能最巧而设法不被捉住，而偷时被捉住则将受笞杖之苦。因此，现在正是你们表演你们训练才能的时候，并要小心在偷偷抢占此山时不被捉住，那我们也一定不会挨打。”

客里索甫斯道："好啦，尽管如此，我听说你们雅典人最擅长巧偷官款，虽然这对偷者是非常危险的。实际上，你们的最高级的人这样做的最多，至少如果他们是被认为有资格统治的真正高人。所以现在也是你们大显身手的时候。”色诺芬说，“好啦，我准备一吃完饭便带领后队出发去夺取此山。我也有向导，因为轻兵打了一场伏击，掳获了一些跟踪我们的偷袭恶棍。从这些人口中我也得知此山并非无法越过，而且那里有牲畜山羊放牧。因此，一旦我们夺占了山的任何部分，我们的驮兽也能过去。我希望敌人一见到我们处于和他们同一水平的高地时就会撤走，不加阻挡；因为现在他们不愿下来和我们交战。”这时客里索甫斯说道："但是为什么你离开后卫岗位前去呢？倒不如派别人去，除非是有好汉自告奋勇。”于是，指挥重甲步兵的麦提德利安人阿里司顿尼穆斯，轻兵的开俄斯人阿里司提斯和轻兵的奥塔人尼科马库斯站了出来。他们约定一旦占了高地便点燃些火光。约定之后，他们便去吃早餐。早餐之后客里索甫斯立即带领全军向敌人前进约十司塔迪，以便使其相信他将沿此路向其进击。

① 斯巴达的多利安贵族。——英译者注

在他们用罢正餐、夜已来临之后，派定执行此项任务的队伍走上前去占据了此山，而其余队伍就地休息。当敌人发觉山已被占时，他们彻夜不能入寐，点燃着许多火光。天一亮客里索甫斯祭神供献，带领军队沿路前进，同时已经夺占此山的那支队伍则沿高地前进。在敌人方面，大多数仍留在山上隘道关口处，但有一部分去迎击高地上的分队。在两军主力彼此接近之前，山地上的队伍便交了近战。希军得胜，开始追击。同时希军主力自平原上山，轻装兵跑步向敌阵冲击而客里索甫斯率重甲快步相随。这时路上敌人一见山地分队打败了，便逃奔。被杀死的倒是不多，大量的藤制盾牌被掳获，希军用战刀把它们砍成废物。当攀登到山路顶端时，他们祭神供献，树立胜标之后，便下山进入那一边的平原，到达了富有多种好东西的村庄。

Ⅶ

此后，他们行军进入陶基亚人地带，五站、三十帕拉桑。这时他们的给养不多了，因为陶基亚人住在城堡里，他们把所有的给养都贮藏在这些城堡中。当希军来到一个城堡时，客里索甫斯对它进行攻击。这个城堡里面没有街镇和房舍，只是男人女人和好多牲畜的集合地。第一营士兵疲倦后，另一营上前攻打，然后又一营接上去，因为他们无法连成一气地包围这个地方，沿边太陡峭。

色诺芬带领由轻、重部队组成的后队一到，客里索甫斯便对他说："你来的正是时候，必须攻占此地，否则军队就没有给养了。"他们一起商议。色诺芬问什么阻止了他们进入城堡。客里索甫斯答道："你看，只有这一条进路，但当我们试图由此前进时，他们便从悬崖上往下滚石头，谁碰上就成了这个样子。"说着他便指出一些人的腿和肋骨被砸断。色诺芬说："假若他们石头用完，还有什么阻碍通过吗？我们看到在那一边只有少数人，而且其中只有两三个人有武器。另外，你自己可以看到，我们必须走过有受攻击危险的距离是约一普勒特隆半。这一段距离有一普勒特隆之长是有零散的高大松树遮掩的。人若是站在树后，还会受到飞石或滚石的什么伤害吗？那么，剩下的距离约半普勒特隆，我们必须当石头停止时一跑就过去。"客里索甫斯说："但是当我们一开始向树冲出时便有大量飞石袭来。"色诺芬说："那样更好，因为他们将把石头用完得更快。但让我们去到一个往前跑距离最短，而想回来时又容易退下来的地点。"

于是客里索甫斯和色诺芬出发，跟着的还有一名队长，帕拉西亚人卡利马库斯，因为他是那天指挥后卫部队队长们的值日军官。其他队长们停留在一个安全所在。在他们带动之下约七十人从树木遮蔽下出来，不是一起，而是一个一个地，各自尽可能地保护自己。但是也是后卫队长的司腾法利亚人阿加西亚和麦提德利安人阿里司顿尼穆斯和其他人却都在无树遮掩的地方站着，因为只有那一个连队能够安全地在树间得到遮掩[①]。这时卡利马库斯心生一计：他从所在的那一棵树往前跑两三步，当石头开始飞来时就轻巧地退回。他每前冲一次就要用掉十车石头。阿加西亚看到卡利马库斯这样做而全军旁观，他怕别人会第一个冲进这个城堡；于是

① 即卡利马库斯的连队。——英译者注

不让阿里司顿尼穆斯或吕西亚人攸利洛库斯(虽然前者在近旁,而两人都是他的友人)或任何别人一起来干,他自己单枪匹马地冲上前去越过别人。可是卡利马库斯见他冲过便抓住他的盾边。这时麦提德利安的阿里司顿尼穆斯跑过他们两人,紧跟着就是吕西亚的攸利洛库斯。这四员勇士都一个赛过一个地勇猛无比,不断地相互竞争。在这样争先恐后的气氛中他们攻破了这一城堡,因为他们一冲进去之后便没有石头从上面打下来了。

这时出现了一幅骇人的景象:妇人把她们的孩子从岩石上扔下来,然后跟着自己跳下来;男人也如此。在这种情景中,一名队长,司腾法利亚的埃涅阿斯,看到一个身穿华袍的人跑来要投身坠下,抓住他加以阻止。但是这个人把埃涅阿斯也拽下来,两人都从山崖飞坠下来摔死了。在这个城堡俘获的人不多,但他们得到大量的牲畜和驴子以及绵羊。

从这里他们行经卡卢比亚人地带七站、五十帕拉桑。所经之地都是最为勇武的人民,而且要打交手仗。他们穿着下至腹股的紧身麻布甲胄,带有辫绳的蓬边而无沿盖;也穿戴着胫甲和盔头。腰间系着像拉孔尼亚匕首长短的宝刀,用来杀戮所能降伏的人,砍下他们的头颅在行军途中携带着。敌人能见到时他们总是唱歌、跳舞。他们也持带着约五腕尺长、只有一端有尖的矛[①]。这些人一般住在街镇之中;当希军过去后,他们便尾随,随时准备打仗。他们的住所在城堡内,里面贮藏所有的给养,因此希军在这一带什

① 色诺芬提到这一点无疑是因为希腊枪矛尾端有锐尖用以插入地面。——英译者注

么也弄不到，而只靠从陶基亚人那里弄到的牲畜维持。离开这个地带，希军来到哈帕苏斯河，此河宽四普勒特隆。由此他们行经叙特尼亚人的领土，一片平原，四站、二十帕拉桑，到达一些村庄。在那里他们停留了三天，收集了给养物资。

从那里他们行程四站、二十帕拉桑，到了一个叫做吉尼亚斯的繁荣、人烟较稠的大城。从这个城当地长官给希军派了一名向导，以便领他们通过一片与本城敌对的领土。向导来到之后，说他领他们在五日之内到达一个能见到海洋的地方[①]；若办不到，愿受死刑。于是向导在前引路，一旦带进了仇人的领土，他总是在促使希军放火、破坏。因此便明白了向导的本来意图，并不是出于对希军的善意。第五天他们真的到了那座山[②]，山名底刻斯。先锋部队一到山顶便大叫起来。色诺芬和后卫部队听到了，认为是前面有其他敌人在攻击。因为这时后面有被放火烧毁的地区的敌人追上来了，后卫队伍打了个伏击，杀死了他们一些人，俘虏一些，并夺取约二十面用生粗牛皮张起的藤盾。但这时喊声越来越大、越近；因为接续上来的队伍全都高速赶向前列士兵，一个接一个地会合呼叫；人数越聚越多，喊声便越来越大。这时色诺芬明白一定是发生了特别重大的事情。他便骑上一匹马，带领吕修斯及骑兵，冲向前去增援。一会儿他们便听到士兵在喊，“海！大海！”并沿队传呼。这时全体后卫部队也跑了起来，驮兽和马匹也开始向前奔跑。当全军到达山顶时，他们真是激动得热泪盈眶，互相拥抱，连将官和

① 即攸克星海。——英译者注

② 色诺芬似乎以为他已经提过的那座山，因为向导提到过。——英译者注

队长也一样。突然,在一些人建议之下,士兵开始搬来石头,搭起一大石坛。在上面摆上一些生牛皮、行杖和掳获的藤盾作祭献品。这个向导不但自己砍碎这些盾牌,也促请别人这样做[①]。事后,希军打发向导走了,并由公物中赠给他一匹马,一个银杯,一套波斯服和十个达利克。但是他特别请士兵给他的是他们的指环。他得到好多。于是他指给他们一个村庄去扎营,和他们要走的通往马克罗尼亚地带的路。一到黄昏时分他便告辞了。

Ⅷ

从这里希军行经马克罗尼亚地带三站、十帕拉桑。在这几日的第一天他们到达马克罗尼亚和叙特尼亚领土之间分界的河流。此处他们右面上方有极难攀行的高地,左方面临另一河流,那条他们必得渡过的界河便注入该河。此河沿岸有树,树木不大,但是很密。希军忙于尽快脱离此地,一到便开始砍伐。但是手执藤盾、长矛,身着毛布短袍的马克罗尼亚人在希军必须渡过之处的对面摆好战斗阵式,并互相呼喊助威上前,投掷石头,石落水流中。他们没有接触到希军,也未造成伤害。

此时一名自称曾在雅典当过庶民的轻装兵来到色诺芬处,说他懂这些人的语言。他接着说,“我想这是我的出生乡土,如若没有不便之处,我愿和他们谈一谈。”色诺芬道,“好,没有什么,那么去和他们谈谈吧。首先弄清楚他们是谁。”问过之后,他们答说,

---

① 仍然试图完成他的真实使命来伤害其人民的敌人。——英译者注

"是马克罗尼亚人"。色诺芬说,"那么,问问他们为什么列阵反对我们,要与我们为敌。"他们答说,"因为你们是来侵犯我们国土。"将官们让这个人说,"我们一点都不是来加害你们。我们曾和国王交战,现在要回希腊,我们要到海上。"马克罗尼亚人问他们是否肯立誓保证此话属实。他们说,他们既愿意立誓保证,也愿意接受保证。于是马克罗尼亚人给了希军一根波斯长矛而希军给了他们一根希腊长矛,因为这便是马克罗尼亚人所说的保证;双方请诸神作为见证。

交换了信约保证之后,马克罗尼亚人立刻开始帮助希军砍倒这些树木、修路,以便使他们过去;很随便地和希军混在一起。他们还提供了一个尽可能好的市场,并为希军领路三天,把他们带到科尔刻斯的边界。这地方有一座大山;山上科尔刻斯人摆好了战阵。开始希军编成了一个迎面对阵的队形,打算这样进攻此山;但后来将官们决定聚到一起,计议一下如何能最好地进行这场争斗。

色诺芬说他认为应该放弃战斗的阵式而使各连队成为纵队[①]。他接着说,"这个阵式马上就要被分散开,因为我们将要发现此山有些地方难过,而在别的地方好过。当摆好战阵的士兵看到队伍一分散,马上就会产生泄气的结果。另外,若是我们列成好多层的战阵向他们攻去,敌人会侧翼包围我们而使用他们张开的侧翼为所欲为。另一方面,若是我们编成很少几层的一种战阵,遇到大批士兵和矢弹一齐攻上来时,被切断是不足为奇的。这种情况在任何一点上发生都对全线不利。所以,我认为我们应当使连

① 当然现在考虑的是相反的行动。——英译者注

队编成纵队，中间留有空隙距离，布满阵地足以使最远的连队超过敌翼。这样，不但我们可以侧翼包围敌阵线，而且，纵队前进使我们的精锐队伍将处于进攻的前锋，哪儿好走，每一队长便可领着他的队伍往那儿前进。敌人不容易冲入纵队之间的空隙，因为这边、那边都有连队，而且对纵队前进的连队要想切断也一样不易。另外，如果有一连队告急，邻队将来相助，而如果有一个连队能设法攀上山顶，敌军便无一人能再站得住。”

这个计划决定了，他们着手把各个连队编成纵队。当色诺芬从右翼回到左翼时①，他向队伍说道：“弟兄们，我们马上就要到达久已想努力到达的地方；你们看到的那边这些人是仍在妨碍我们的唯一的一批敌人。若是能够的话，我们简直必须把他们生吃掉②。”

这时官兵各就各位，并编成纵队，计有约八十连重甲兵，每连近百人③。轻装和弓手则编为三队：一队在重甲左翼之外，一队在右翼之外，一队在中央，每队人数约六百④。编队停当之后，将官传令祈祷；祈祷并唱胜利赞歌之后他们便出发了。客里索甫斯和色诺芬⑤及其轻装兵在前进中超出了敌阵。敌人看到，便跑出来迎战，有些向右，有些向左；结果他们的阵线被扯散，中间一大部分

① 客里索甫斯是前锋指挥官，色诺芬是后卫指挥官。行军中的军队先锋部队变成战阵队列的右翼而后队变成左翼。会议是在右方客里索甫斯处进行的。——英译者注

② 这是句老话，荷马时就有。——英译者注

③ 总数八千而原来兵力为一万一千七百人。——英译者注

④ 一千八百而原来为二千三百。——英译者注

⑤ 分别在右、左两翼。——英译者注

空了阵脚。这时由阿卡尔纳尼亚人埃司基尼斯指挥的阿卡狄亚部队的轻装兵以为敌人在逃跑，便大叫起来，开始奔跑。他们是最先到达山顶的。后面紧跟上来的是奥尔科美努斯人克里安诺指挥的阿卡狄亚重甲部队。在敌人方面，轻装兵一开始奔跑，他们便不再守阵抵抗，而四下逃跑了。

完成上山行动之后，希军住到了好多村庄里，都有充分的给养供应。这里一般没有发现什么真正奇特的事情。但左近地区蜂群很多，吃了这蜜的士兵都感觉狂晕、呕吐、腹泻，没有一人能够站起来；吃了少量的人就像大醉一样，而吃多了的人就像疯狂，或甚至有时要死一般。他们很多人躺在那儿，好像军队吃了败仗，情绪低落。可是，次日并无死亡；约在吃了蜜的同一时刻他们开始还醒过来，在第三或第四天时他们起来了，好像经过一场药物麻醉。

从这里他们行军两站、七帕拉桑，到达特拉佩组斯城海边，这是攸克星海岸一个人烟较稠的希腊城市、科尔刻斯境内西诺波人殖民地。在这里他们停留约三十天，住在科尔刻斯人村庄里，并以此为基地劫掠了科尔刻斯。特拉佩组斯人为军队提供了一个市场，热情地接待了希军并给予牛、大麦粉和酒作为东道之谊的礼物。他们也代表附近的科尔刻斯人参加与希军的谈判。这些科尔刻斯人大部住在平原上，他们也送给希军许多牛作为东道礼物。

事后他们准备好前所许愿的祭供。他们已经得到足够多的牛只，可以感恩致谢宙斯为了得救，致谢赫丘利为了向导，并如所许愿致谢其他诸神。他们也在山边扎营所在地举行了运动会，并选举德拉孔图斯去寻觅一个跑道并做运动会的管理人。德拉孔图斯是一个斯巴达人，由于童年以匕首误伤另一儿童就被流放在外。

在祭奉之礼已经完毕，他们把这些皮张[①]交给德拉孔图斯并让他带路去到他所选定的赛跑场地。他指着他们当时就在脚下站立的地点说，“这个山很适于赛跑，愿意往哪儿跑都行。”人问，“那么，如何能在这么硬并长满草木的地上掼跤呢？”他答道，“被摔倒的人将伤得更重些。”竞技项目有男子短跑[②]，多由俘虏参加；长跑，有六十余名克利特人参加；摔跤；拳击和掼拳[③]。景象非常壮观，因为报名参加人数很多，而且因为竞赛者的同志们在场观望，竞争很激烈。也举行了赛马。骑手们驱马奔下陡坡，转向海岸，再回到祭坛所在[④]。在往下奔驰时，多数马都滚跌再三；而上坡时，因坡度极陡，难度赛过步行；所以人们喧、笑不已，为之助兴。

① 祭献牺牲的皮张，作为运动竞技的奖赏。——英译者注

② 希腊竞技的正规赛跑，近乎我们的二百二十码短跑（洛布丛书出版此书时的情况。——中译者注）。——英译者注

③ 拳击和掼跤的混合体。——英译者注

④ 摆放牺牲的祭坛作为赛跑的起点。——英译者注

卷　五

I

此后，他们聚在一起，着手商议以后的行程。第一个起立发言的是条立亚人利翁。他说："哎，诸位，老是这样打点行装、走路、奔跑、携着武器、排队、站岗和打仗，我实在厌倦了。我现在渴望摆脱这些苦役，因为我们有海了，可以航行其余的路程，躺着就到达希腊，和俄底修斯一样。"听了这些话，士兵们喊说他讲得对。另一人也说了同样的话，实际上所有起立发言的都这样说。这时客里索甫斯站起来，说道："诸位，我有个朋友叫安那克西部斯，恰好是海军指挥官。如果你们要派我去找他，我想我能够带回来运载我们的战船和商船。若是你们真想走海路，等我去一趟回来。我将很快地回来。"士兵们听到之后很高兴，就表决让客里索甫斯迅即起航前往。

在他以后，色诺芬起立发言如下："那么，客里索甫斯就要启程去找船去了。我们要留在这里，因此我要谈一谈我认为在等候期间我们应该做的一些事情。首先，我们得从敌方弄到给养，因为我们既没有充足的市场，大部分人也没有钱去买了。但此地是敌对的，因此，如果你们寻觅给养时若不小心、无防护，便会有危险，会有很多伤亡的。我认为你们去搜寻给养时，应当组织起来，成队前往。不要随便乱窜，以便保证你们的安全。我们作将官的应对此负责。"这一提议被采纳了。

"那么，请听这第二点。你们有的人要去掠夺。我想要去的人最好是告诉我们一声，并说明到何处去，以便使我们知道出去的和未出去的人数。这样，必要时，我们可以帮助做些准备，遇到需要去帮助哪个人时，我们知道要到哪里去找；若是有人在什么地方有企图而没有经验，我们可以给他提出建议，想法弄清他前往劫掠的对象的力量。"这个提议也被采纳通过。

"那么，"他接着说，"请也考虑这件事。我们的敌人有工夫进行抢劫，而且也在算计我们——这也不奇怪，因为我们征取了他们的东西，而他们对我们是居高临下的。所以，我认为我们应当在营地周围设岗哨，比如说，我们轮流值班站岗、守望。那样，敌人就不大能够侵扰我们了。"

"还有一点要注意。如果我们确知客里索甫斯会带回来足够的船只，我要说的话便没有必要了，但实际上那并不确定。我想我们也应该在这里想法弄些船。若是他真的带来足够的船，又有手边弄到的船，航行工具更富裕了；而若是他没有弄来，我们便可用这里所有的。我经常看到有船只过往。若是我们能使特拉佩组斯人给我们战船，把这些船弄进港内看守起来，去其舵，直至凑足够用的数目，或许不会缺少所需的运载工具。"这个提议也被通过。

"还有，"他说，"你们是否认为在我们等候的期间由公款来维持这些带进港来的水手是公道的，并商定一个运价，以便在我们受益的同时，他们也能得到好处？"此建议也被通过。

"我认为,"他接着说,"如果万一照这个计划做也不能弄到足够的船只,我们则必须转向大路。听说路很难走,让沿海各城去修路。他们一定听命,一来是害怕,二来也是希望我们走开。"

这时士兵哗叫起来,说不要走陆路。色诺芬看出他们无知,没有对此事提出建议来表决,便去说服各城自愿修路,提出若是路修得好走便可更快地让军队离去。另外,他们从特拉佩组斯人那里得到一只五十桨的战船,交由一位拉孔尼亚的边民[①]德克西浦斯指挥。可是这个家伙不好好执行收集船只的任务,却带着战船溜走,离开了攸克星海。后来他确是得到了报应,在色雷斯赛特斯朝廷搞阴谋时被拉孔尼亚人尼坎德杀死。他们也弄到一只三十桨的战舰,交由雅典人波利克拉底指挥。他把所俘获的商船都弄到营地。有货的船他们把货物卸掉,看管起来,以便安全保留以备自己运输之用。在此事进行的同时,希军还进行突袭劫掠,有些或有所掳获,也有的一无所得。有一次,当科利恩图斯带领他自己的连队和另一连队攻袭一个难攻的城堡时,指挥本人连同他的好多士兵被杀死。

后来他们不再能够弄到给养,当天回营了。这时色诺芬找几个特拉佩组斯人做向导,带领一半军队到德里莱地方去,留下另一

① 边民是拉孔尼亚外镇的居民。他们是自由人,但不是斯巴达公民。——英译者注

半看守营地——因为科尔刻斯人被赶出他们的房舍，现在聚成一大群在营地上方高地，占据了一个有利地势。特拉佩组斯人不领希军到容易弄到给养的地方去，因为他们跟这些地方的人友好。他们总是要领他们进入德里莱人地带，因为他们不断地受到他们的损害，虽然这一带多山、难行，而其居民是攸克星海上最为好战的。

当希军已经到达高地时，德里莱人点火焚毁了他们认为容易被攻占的堡垒，退了出去。希军除了偶尔得到个别没有被烧死的猪、牛等兽外一无所获。有一个城堡，是他们的首城，他们全都进入这个城堡。城堡周围有深谷，通路极难。跑在重甲步兵前面五六司塔迪的轻装兵跨过了深谷，看到有大量的羊和其他财产，便图攻城。在他们行列里跟有好多出外寻找给养的枪手。这样过了深谷的队伍多达千余。但是当他们发现他们攻不下时（因为有一宽壕围绕，后有壁垒，壁垒上树有栅栏而间隔不远还建有好多木楼），他们便想法撤退。这时敌人紧逼上来。跑开是不可能的，因为从城堡下到深谷他们只能单个行动。因此他们派人给率领重甲兵的色诺芬送信。信使来报说："有一个满藏许多好东西的城堡。我们攻不下，因为防守有力；我们也不容易撤离，因为守兵冲出来攻击，而且回路难行。"

听到这个信息，色诺芬领兵来到深谷，命令重甲兵稍息待命。他自己同队长们过去观望一下，看是把已经过去的队伍撤回来好，还是认为此堡可以攻下，把重甲兵也带过去。显然，撤回势必牺牲好多士兵，而攻取此堡队长们认为是可行的。色诺芬同意他们的看法，相信祭献兆头，因为先知曾说要有战斗，但征战结果会是幸

运的。因此他派队长们把重甲兵带过来，而他本人留在彼岸，把轻兵全体回撤，不许任何人远距射击。重甲兵一到，他便命令各队长把自己连队排成他认为最能有效战斗的阵形。靠近的队长们一向是彼此争先竞勇的，他们前去执行这一命令。同时色诺芬传话给所有的轻兵前进：手把标绳，待命投枪；射手箭不离弦，待令射击；投石兵袋石备满，并派适当人选妥为照料。

一切准备妥当，队长、副手和那些自命英勇不亚于将官的士兵们集合起来，排好战阵[①]。彼此相视（因为阵形如新月，以适应所攻的阵地），这时他们响起胜利赞歌，吹起号角，同时向战神呐喊战斗口号，重甲兵跑步攻上前去，矢、弹齐飞——枪、箭、弹石以及很多手掷石块，还有人也投掷了火把。由于矢、弹过密，敌人放弃了壁垒和塔楼。这时司腾法利亚人阿加西亚摆下他的武器，只穿着他的短袍，攀登上去，然后拉上另一人。同时另一人也已攀上，看来城堡就要被攻了下来。

这时轻甲、轻兵冲了进去，便开始抢夺各自能得的掳物。但是色诺芬站在城门口，把尽多的重甲兵停在外面，因为在某些防守坚固的高地上看见有别的敌人。过了不大的工夫城里喊叫起来，人们纷纷拥簇着逃跑出来。有些人携带所掠物品，然后是一群受了伤的人，城门左近推推攘攘个不停。询问那些拥跌出来的人，他们说里面有一个卫城，敌人很多。他们已经冲出来打击进去的人。于是色诺芬命令传令官托尔米德宣布，凡是要抢掠的人可以进去。很多人便拥进城门。往里拥的人群克服了往外踉跄奔逃的人群，

① 队长们断定为“最有效”的阵形。——英译者注

这样便又把敌人堵在卫城内，卫城外面的所有东西都被希军抢夺一空携走。重甲兵则守住岗位，有的在壁垒左边，有的沿着通往卫城的道路。同时色诺芬和队长们在看是否可能夺取这座守卫城，因为那样他们的安全便有了保障；否则他们认为很难实行撤回。考虑结果是这个卫城无法攻下。

这时他们做撤退的准备。各部分拆除自己面前的栅栏，把那些不适合作战的或携有负载的人以及重甲兵的大部都打发走。队长们只把他们各自依靠的精干队伍留在后面。但是当他们一开始后撤，便从里面冲出一大群人，手持藤盾、枪矛，身着护胫和帕弗拉戈尼亚盔头，向他们攻来。另外的人则攀登到通往卫城的道路两旁房顶上。结果是连向通往卫城门口的追击也不安全，因为他们会从上面扔下巨木，因而留、退两难。黑夜将至，也引起恐惧。

在他们的战斗、混乱中，有神祇使这些希军得了救。因为突然间右边的一所房子被人放了火，燃烧起来。当房子开始塌陷时，路右边的其他房子里的人全都往外逃。色诺芬抓住这一偶然的机会，便命令也放火烧右边的房子。因为房子是木结构，很快便燃烧起来。结果是这些房子里的人也赶快逃跑。现在只剩下正前方的敌人骚扰希军，他们显然是打算当希军下山时对其进行攻击。这时节色诺芬下令让所有在矢、弹所不及的地方的人去搬来木料，放在他们自己队伍和敌人之间的空地上。收集了足够的木料之后，他们把木料点燃，同时也点着沿栅栏附近的房屋，以便转移敌人的注意。就这样子，由于在他们与敌人之间放火，才好不容易从城堡撤退下来。整个城被烧毁，房屋、塔楼、栅栏和除了卫城以外的所有一切。

次日希军要带着给养物资回营了。因为他们惧怕开往特拉佩组斯的路程（由于路陡而狭），他们打了个假伏击：一名米西亚人，名字也叫米西亚人[①]，带领十名克利特人，留下来在一块小丛林中，佯作要藏起来使敌人看不见，但其铜盾却不时在丛中闪烁。敌人看到，怕是一场伏击。这时希军就撤了下来。当他们认为已经走下去够远了的时候，便发信号给这个米西亚人使其高速跑脱。他和伙伴们便这样起身逃脱。其中的克利特人（据说发现他们在跑时可能被追上）从路上闯入林中，经由谷壑滚下逃掉，但这位米西亚人一直沿路逃奔，呼喊求援。他们去把他救起，但受了伤。然后前来救援的人再行撤退，面向敌人。敌人掷弹投击，一些克利特人以箭回击。这样，他们全都安全返回营地。

Ⅲ

现在，看到客里索甫斯没有回来，他们没有足够数目的船只，又不能再弄到给养了，他们便决心由陆路离开。他们把病号、四十岁以上的老人、妇女和儿童以及无需随身带的行装都送上船。他们也让年事最长的将官斐利修斯和索菲涅图斯上船，并嘱咐他们负责管理。其余的人开始起程，路已修好。起程后第三天他们到达赛拉苏斯。这是希腊的一个海上城市，是西诺波人在科尔刻斯领土上建立的一个殖民地。在此地他们停留了十天，检阅了全副

① 它本身表示“米西亚人”——正如“英吉利”可以作为英国人的家族姓一样。——英译者注

武装的队伍，点名报数，计为八千六百名。这些便是活下来的人数，其余都已死于敌手，或葬身雪中，也有少数人病死。

在此地，他们也把劫掠的胜利品卖掉分款。应归阿波罗神和以弗所城的阿尔特米斯神保留的什一捐，则交给将官们分别为诸神安全保管。应归客里索甫斯的那一份交给了阿西那的涅昂。色诺芬则从他那一份里拨出一些给阿波罗神还愿，交给在德尔菲的雅典司库，写上他自己的名字和跟克利尔库斯一同死去的普罗克西努斯的名字，因为普罗克西努斯是他的好友。属于以弗所的阿尔特米斯的那一份，他在同阿基西罗斯从亚细亚回去参加讨伐被奥提亚[①]时，留交阿尔特米斯教堂司事麦嘎比组斯保管，理由是他自己的行程可能是很危险的。他嘱咐：如果他得以逃生，将钱归还他；但若遭遇任何不幸，麦嘎比组斯便可自作主张对这一女神做出任何相宜的供献。

在色诺芬流放时[②]，当他被拉西第蒙人作为移民落户在奥林匹亚附近的西卢斯的时候，麦嘎比组斯来到奥林匹亚参加运动会，把存款交还了他。收到之后，色诺芬在阿波罗神谕祭司指定的地方为女神买了一块地。赶巧流经此地有一条河名叫赛里努斯。在以弗所也有一条赛里努斯河流过阿特米斯神庙，而且两条河内都有鱼和贻贝，而在西卢斯这个地点有各种狩猎之兽。在这里色诺芬用这笔圣款建造了一座祭坛和庙宇。从那时以后，他每年把土

① 在纪元前394年，以艰巨的科洛尼亚战役告终。色诺芬当时是参加者。——英译者注

② 这大概是由于他参加了居鲁士的长征。——英译者注

地季节产物的什一部分供献给女神，所有公民及附近一带的男男女女都参加这个节日活动。女神为这些欢宴的人提供大麦粉和大块面包，酒和甜食，以及一部分圣牧场畜祭品和猎获物，因为色诺芬的儿子和其他公民的儿子经常在节日时期出猎，而且成年人愿意打猎的都可参加。他们的猎获物一部分来自圣教区本身，一部分来自福洛山——有野猪、小羚羊和牡鹿。

此地位于自拉西第蒙通往奥林匹亚的路上，距离奥林匹亚的宙斯庙约有二十司塔迪。在圣区之内有草地和青山，适于养猪、羊、畜、马。连带人前来参加节日活动的挽畜也可以饱餐一通。紧围着庙宇的是人造林，生产各种应季的尾食水果。庙宇本身和以弗所的那座神庙相像，虽然比较小；女神像虽然是坚柏木的而不是金的，也和以弗所的神像一样。庙旁有一牌匾，上面写道："此乃阿尔特米斯圣地。凡保有并享其福果者必须每年奉什一为祭献，并从余额中保养神字。如有不照此行事者，神且鉴临之。"

Ⅳ

离开赛拉苏斯，由海路运送的人一直走下去；其余的人继续陆上的行程。当他们到达麦叙诺基亚人[①]边界时，他们派麦叙诺基亚人在特拉佩组斯的正式代理人——提梅西透斯（他是特拉佩组斯人）前去询问；当希军过境时将被视为友好的还是敌对的。麦叙诺基亚人答道不许过境，因为他们相信他们的城堡，有恃无恐。提

① 字面的意思是"木楼居住者"。——英译者注

梅西透斯告诉希军说，住在较远那边的麦叙诺基亚人与这些人不和。于是决定把他们招来，看是否他们愿意达成一项协约。他们派提梅西透斯前去；回来时带来了他们的首领。来到之后，这些麦叙诺基亚首领和希军将官一起开会。色诺芬通过提梅西透斯翻译讲道："诸位麦叙诺基亚人，我们想走陆路安全回转希腊，因为我们没有船只。但是这些人，听说是你们的敌人，想要阻挡我们通过。因此，如果你们愿意，可以和我们结成联盟，为以往你们曾受过的任何伤害向他们报仇，使他们从今以后降属于你们。如果你们拒绝，请想一想，你们还能找到这么强大的兵力帮助你们打仗吗？"麦叙诺基亚首领对此安排表示情愿，便接受了这一联盟的建议。色诺芬道，"那么，好啦，结成联盟后你们要求我们干什么，而在我们过境的事上你们又将能怎样帮助我们呢？"他们回答说："我们可以从对面攻打你我敌人的地盘，并给你们不但派来船只而且有人帮助你们作战并将为你们的行程引路。"

确认了这些协定之后，双方交换了保证，他们便离去。次日他们又回来，带来三百只轻舟。轻舟都是用独木做成，可乘三人。其中二人下船，整队待命，第三人留在舟中。后者把船开走，留下来的人列阵如下。他们站好每排约百人的队列，像合唱队、歌舞队员似地彼此面对面。他们全都拿着用白色粗牛皮张起来的藤叶形的藤盾牌，每人右手持有长约六臂、矛身一端有尖、底端成圆球的长矛。他们穿着短袍，长不及膝，厚如麻布被套；头戴革盔有如帕弗拉戈尼亚盔头，中间有一簇，形状颇似三重冠；手执铁制战斧。排好战队之后，一人领先起步，其余的人随从，人人都开始富有节奏地行军和歌唱。他们行经各营及希军驻所，直奔敌方，向一座看来

极易攻下的城堡前进。此堡位于他们称为首府的城市前面，内有麦叙诺基亚人的卫城。实际上这场战斗就是为了夺取这个卫城，因为在任何时候，谁占有它谁便被认为是所有其他麦叙诺基亚的主人。据说现时的占据者并不合法，它是大家公共所有的。他们的夺占是为了谋取私利。

这一队攻击手由一些希军跟上，并非奉了将官命令，而是为了劫掠。当他们走上前来时，敌人先是按兵不动；但当他们已经接近城堡时，敌人冲了出来，逼使他们逃走，杀死了大量的异邦人和一些同时上山的希军，并对其余的人进行追击。这时敌人看见希军前来救援，便转身退回。他们把死者人头砍下，展示给希军及其自己的敌人，同时伴唱着一种曲调跳起舞来。因此希军恼怒，不单因为敌人胆壮起来，而且是因为跟异邦人去攻打的希军逃跑了，虽然人数众多——这是在长征过程中前所未有的。

这时色诺芬把希军叫到一起，说道："弟兄们，千万不要为发生了的事泄气，因为的确也发生了好事，其重要不亚于那坏事。首先，你们知道，要为我们做向导的人真正是那些人的敌人，我们也被迫成为那些人的敌人；其次，关于我们自己的人，那些不大考虑我们的战阵编排，从而以为他们跟异邦人一起也能获得跟我们一起的同样战果的人，已经受到惩罚——下次他们就不大可能再脱离我们的编队了。但是你们必须准备让异邦人中我们的朋友看出你们比他们强，让敌人知道他们所要面对战斗的对象和以往所遇到的乌合之众不同。"

这样希军度过了这一天。次日，供神得到好的兆头之后，他们进早餐，把连队编成纵队，开始进军。异邦人照原来编制居左，弓兵分配在各连队之间空隙，重甲步兵先头部队略后一些，因为敌人有些敏捷的队伍总在往山下跑来以石投击希军，弓兵和轻兵便可把他们阻退。其余希军齐步前进，先奔向前一天异邦人及其随同前往的人被击溃从那儿逃跑的那个城堡。因为现在敌人在那里摆开了阵势发动攻击。这些异邦人确也迎战了进击的轻甲兵，但是当重甲步兵一接近，他们便逃跑了。轻甲兵立即追赶上山奔向城市，重甲兵跟上去，仍然保持队形。当他们到达顶上接近首府房舍时，此刻所有敌军聚集起来作战。他们抛投他们那又粗又长、一个人都难于携带的长矛以及所有的其他枪支，打起交手仗来防卫自己。可是因为希军并不退缩而是冲近前去，这些异邦人也从那个地点逃走，全都撤离了堡垒。他们那位住在卫城上面木塔中、受全体人民共同维护的君主，连同前所夺取城堡的指挥官，都拒不出来。于是他们将其塔楼连人一起焚毁。

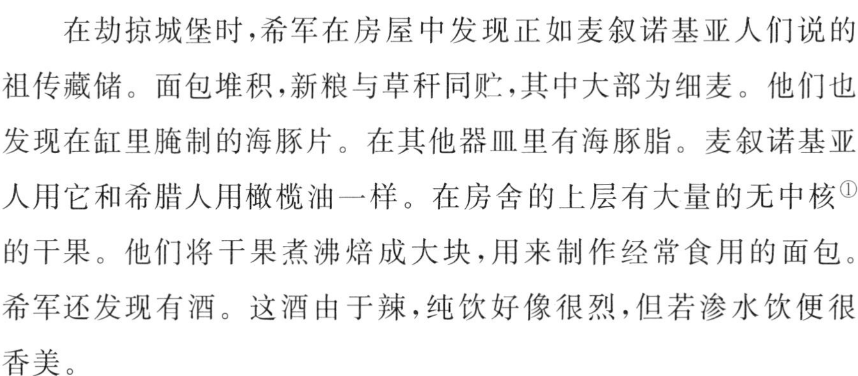

在劫掠城堡时，希军在房屋中发现正如麦叙诺基亚人们说的祖传藏储。面包堆积，新粮与草秆同贮，其中大部为细麦。他们也发现在缸里腌制的海豚片。在其他器皿里有海豚脂。麦叙诺基亚人用它和希腊人用橄榄油一样。在房舍的上层有大量的无中核①的干果。他们将干果煮沸焙成大块，用来制作经常食用的面包。希军还发现有酒。这酒由于辣，纯饮好像很烈，但若渗水饮便很香美。

在这里早餐之后希军继续赶路，把堡垒移交给在战斗中帮助他们的麦叙诺基亚人。至于其他那些行军经过的属于站在敌人一

① 如同核桃所有的那样。色诺芬大概指的是栗子。——英译者注

边的城堡，最近便的有的已撤离一空，有的自动投降。这些地方大部分情况如下：市镇彼此相隔八十司塔迪，有的远些，有的近些。居民喊叫邻镇彼此相闻。高地、山谷遍布。当希军在友好的麦叙诺基亚人当中行进时，他们让希军看富人家的胖娃娃。他们靠煮干果营养，皮色极为柔晰，身高与体围几乎相等，背上饰以五彩，前身全都以花样图案文身。这些麦叙诺基亚人也要跟随希军的妇人公开性交，因为那是他们的习俗。他们全都很白皙，男、女一样。长征全过程中服役的希人认为他们是所经之地最不开化的，跟希腊风俗相差最远的人。他们经常公开做其他人只在私下做的事情。当独处无人时，他们的行为正如在人群中一样，自言自语，自对自笑，随处就地跳舞，好像在对别人表演一般。

V

经过这个既有敌对部分又有友好部分的地区，希军行军八站，然后到达卡卢比亚人①的土地上。这些人为数不多，受治于麦叙诺基亚人。他们大多数靠制铁为生。其次他们到达提巴壬尼亚人邦土。此地平坦得多，海岸上有堡垒，但不太坚固。将官们想攻打这些堡垒以便为军队得些东西，因之他们不接受送来的招待礼物，而是让他们等商量商量再看，便去进行祭献。当奉献了很多牺牲之后，先知最后宣称诸神都不允许战争。于是将官们接受了这些东道礼物。如同行经友邦一般地走了两天，他们到达科提拉。这

① 显然是希军以前经过地带人民的一支旁族。——英译者注

是在提巴壬尼亚人领土上的一个希腊城市，西诺波人的殖民地[①]。

在这里他们停留了四十五天。在此期间，他们首先向诸神致祭供献。各部分希腊人，一族一族地举行了欢宴游行和运动竞技。至于给养，他们一部分得自帕弗拉戈尼亚，一部分得自科提拉的地产，因为后者不给他们提供市场，也不肯接受他们的病号进城。

这时西诺波派来使节。他们很害怕，一是为了科提拉城（因为此城属于他们，其居民向他们纳贡），也是为了它的领土，因为他们听说它在被蹂躏。来到希军营帐，他们通过被认为精明的演说家赫卡托尼木斯为其代言人说道："弟兄们，西诺波城派我们来，首先是向战胜波人的希军致敬；其次是向你们祝贺，祝贺你们据说经过很多可怕的麻烦，安全来到了此地。现在，因为我们自己是希腊人，你们也是希腊人，我们要求得到良好的对待而不愿受伤害。因为在我们这方面，以身作则，从来没有对你们加以任何伤害。这些科提拉人是我们的殖民地居民，是我们从波人手中夺来后把这块土地交给他们的。因此，跟赛拉苏斯和特拉佩组斯人一样，他们向我们进奉一定的贡献。所以，你们对这些科提拉人所加的任何伤害，西诺波城都看作是加给他们自己的。现在听说，首先，你们有人强行入城，并住到房舍里。其次，还不经同意强行从地产里抢走你们可能需要的东西。这些事情我们认为不恰当。如果你们继续这样做，便是迫使我们跟科律拉斯[②]和帕弗拉戈尼亚人以及其他

① 直到此地军队是陆行的。从接近巴比伦的战场到科提拉这一下行路程距离为一百二十二站，六百二十帕拉桑，或一万八千六百司塔迪；时间为八个月（18 600 司塔迪＝约 2050 英里）。——英译者注

② 帕弗拉戈尼长官。——英译者注

任何可能的人去交好。”

色诺芬对此做出回答,代表士兵们起立发言说道:“西诺波的诸位先生们,在我们来说,我们回来了,很满足能保全住我们的身体和武器,因为不可能同时又收集掠物又和敌人战斗。至于我们现在的所为,既然我们已经到达希腊的城市,我们在特拉佩组斯通过买卖获得给养,因为特拉佩组斯人对我们提供了市场,我们就以此报答他们的礼遇,以及他们给军队的招待和赠与,我们以礼相待。对于和他们友好的波人,我们不加侵犯;对于他们的敌人,随其所愿,我们则要尽量予以伤害。请问问他们认为我们的人品如何,因为他们有人在场,他们是特拉佩组斯城出于友情派来为我们做向导的。另一方面,我们所到之处,无论是波土还是希地,凡是没有市场可以去买的地方,我们攫取给养,不是荒唐无忌地,而是出于需要。例如卡杜客亚人,和陶基亚人和卡尔丹人不是波斯国王的属民,而且极为强悍。可是,即便如此,我们以他们为敌,就是由于这个获得给养的需要,因为他们不提供市场。可是马克罗尼亚人却能尽力提供一个市场,所以我们以友相待,虽然他们是外国人,对他们的所有物我们一件都不强取。

“至于你们说是属于你们的这些科提拉人,如果我们拿了任何属于他们的东西,那是怪他们自己。因为他们对我们不以朋友相待,而是把门关闭起来,既不让我们进去,也不在外面提供市场,他们声言这是受你们委任的长官的指使。至于说我们的人强行进城,住在那里的事,那是请他们收容我们的病号。当他们拒不开门时,有一个地点自动接纳我们,我们便从那里进去了。我们没有做什么强暴行为,只不过是病号住到房舍里,自己花费付钱;我们把

守城门，为了我们的病号受制于你们的长官时，而我们可以随时将他们接回。其余的人，你们见到了，都住在露天，照常编队，准备好了：有人施德，报之以德；施怨则报之以怨。

“至于你刚才的威胁，如果你们认为最好跟科律拉斯和帕弗拉戈尼亚人结成联盟来对付我们，我们这方面，如有必要，是准备好和你们双方作战的，因为以往我们已和比你们多几倍的人战斗过。但若是我们认为最好跟帕弗拉戈尼亚人交好——听说他们对你们沿海岸的城市和堡垒有野心——我们将让他们认识到：我们是他们的朋友，是来帮助他们实现愿望的。”

这时赫卡托尼木斯的同行者明显地表示对他所讲的话生气。其中一人起立发言说他们不是来开战的，而是表示友好的。他接着说，“如果你们来西诺波城，我们将在那儿以东道之礼接待你们。现在我们将让此城人民尽力供应你们，因为我们看到你们说的全对。”此后科提拉人送来东道礼物，希军将官款待西诺波使者，他们友好地相互畅谈了一般事物，特别是双方都随意询及了关于以后的行程。

Ⅵ

那一天就这样结束了。次日将官们召集了士兵大会，决定请西诺波人参加，研究以后的行程。因为若是得走陆路，西诺波人像是对自己有用，由于他们跟帕弗拉戈尼亚熟悉。若是走海路，他们认为，也需要西诺波人，因为只有他们能为军队提供足够的船只。于是请使者进来，着手和他们商议，请他们像对自家人一样，从此友好接待，表现亲热并提出最好的建议。

于是赫卡托尼木斯起立，首先，为他所说的要与帕弗拉戈尼亚人交好的话表示道歉和解释，说他的原意不是说他自己的人要对希军作战，而是说，虽然有机会和异邦人交好，他们还是要选交希军。但是当他们请他开始提出建议时，他开始向诸神祈祷，讲道："若是我提出我认为最好的建议，愿诸神降福于我；不然的话，则得其反。因为人称'参议神圣'[①]，我诚应为之。自今日始，如果发现我建议良好，众将赞我；如果不好，汝众将责我。现在我们知道，如果走海路我们将有多得多的麻烦，因为提供船只的责任将落在我们头上。如果你们走陆路，你们就势必有作战的任务。但我必言其所信之实。我了解帕弗拉戈尼亚的国土和实力。他们国家有这两种东西：最美好的平原和最高大的山。首先，我立即能知你们必须从何处进——只有从两边山峰高耸的道路上。把住这些山峰，一小股人就能守牢关隘；这样守住之后，世上很少有人能够通过。所有这一切我甚至能够指出来，若是你们肯派个人跟我去看。第二，我知道他们有辽阔原野和异邦人自己认为优于波斯国王所有全部的骑队。的确，最近这些帕弗拉戈尼亚人连波斯国王召见都不到，因为他们的长官太骄傲而不从命了。

"归结起来说，如果你们能够不但夺占山地，偷袭也好，迎敌也好，而且在平原上征服其骑兵和十二万余步兵，你们就要到达河流。第一道河是德尔蒙河，宽三普勒特隆。这道河我想是不易渡过的，特别是前面后面有众多敌人相随。第二道是依里斯河，也是

① 赫卡托尼木斯暗指谚语"参议是神圣行为"，即必须为之以诚。——英译者注

三普勒特隆宽。第三道是哈利斯河，宽不下二司塔迪，无船你们是过不去的——而且那儿有谁提供船呢？若是过了哈利斯河还要来到帕尔提纽斯山，也是同样过不去的。

“因此，我认为此程对你们不但困难，而是完全不可能的。但是，如果走海路，你们可以沿海岸由此到西诺波，再从西诺波到赫拉克里亚。由赫拉克里亚再走，无论陆路或水路都无困难了，因为在赫拉克里亚有很多船只。”

当他这样讲完之后，听者有人怀疑他这样说是由于袒护科律拉斯，因为他是他在西诺波的官方代表。另外有些人以为他甚至有意这样建议来得到礼物。另外还有些人猜疑他的讲话真实目的是要阻止希军走陆路以免伤害西诺波领土。但，不管怎样，希军还是议决走海路。事后色诺芬说道“西诺波诸先生，我们军队决定选择你们建议的路线。但事情是这样：若是有足够的船只，不至于剩下一个人，我们就起航；但若是打算让我们留下一些人而其他人起航，那我们是不上船的。因为我们知道，哪里我们占上风，我们就能安全而有给养。但一旦我们比敌人处于劣势，那很明显地我们便将沦为弱者奴隶。”听到此话，西诺波人让他们派出使者。他们派出阿卡狄人卡利马库斯，雅典人阿里斯顿和阿加亚人萨莫拉斯。于是这些人便动身前去。

这时节，色诺芬眼望着浩浩荡荡的大队希腊重甲步兵，又望着大队的轻兵、弓兵、石手和马队；他们现在全都是非常能征惯战而精干，全都在本都斯，这里是不可能以任何少量金钱开支征集如此大军的。他认为建立一个城市，为希腊增得更多的领土和势力是一件好事。他计算着他们自己的人数和住在攸克星海一带各部的

人，认为可以变为一大城。为了这个计划，在对任何士兵谈及之前，他祭神供献，并为此招来曾为居鲁士预卜官的安布拉喜阿人西拉努斯。可是西拉努斯怕这计划会实现而致军队要在某地定居下来，便向队伍传布说色诺芬要让他们定居下来以便能建立一城，为自己争得名誉和权力。西拉努斯本人的愿望是尽快地到达希腊，因为他把为居鲁士祭供预卜十日之事所得的那三千达利克安全地带过来了。

士兵们听到这话，有的认为最好定居下来，但大多数人另有想法。达达尼亚人提马宋和彼奥提亚人托拉克斯对一些在那里的赫拉克里亚及西诺波商人说，如果他们不为军队提供饷银以便能得到由科提拉海程上的给养时便会有大军留住本都斯的危险。他们接着说，“因为色诺芬想要，而且极力主张，船只一到我们便会突然向军队说，‘弟兄们，现在我们看到你们一是无法弄到回家航程上的给养，二是回到家乡也无以供助家人。但若你们愿意在围绕攸克星海这一带选挑一个地点随意上岸——愿回者回，愿留者留——这些便是你们的船，可以在任何你所中意的地点进行突然袭击。”

听到这个说法，商人便带回城去。同时达达尼亚人提马宋派达达尼亚人攸利马库斯和彼奥提亚人托拉克斯传出同样消息。当西诺波人和赫拉克利人听说之后，他们派人去见提马宋，促请他，付以报酬，费心使军队起航走开。他欣然答应。当士兵集合开会时，他对他们讲道：“弟兄们，你们不应该心里盘算留在这里，而应该视希腊高于一切。但我听说有人为此祭神献供，连给你们说一声都不曾。现在我答应，如果你们由此起航，从本月一日起给你们

每人每月发饷一个赛济库斯金币[1]。我将把你们带到我被流放所住的地方特罗阿斯;那里会照顾你们,因为他们将乐于接待我的。那时节我自己将领你们去一些地方获得大量财富。我熟悉埃奥利斯、弗里吉亚、特罗阿斯和法尔那巴组斯[2]整个省份,一方面是因为我来自那一地区,一方面是因为我在那里跟克利尔库斯和德尔叙里达[3]出征过。"

接着彼奥提亚人托拉克斯起来发言,他跟色诺芬因为军队领导权问题意见不合。他说一旦他们走出攸克星海,他们将有一个美好繁荣地带刻尔索尼斯。在那儿谁愿留就住下,谁不愿留便可回家。他说,希腊有大片沃土不取,而在波境寻找,那是可笑的。他接着说,"我跟提马宋一样,许诺在到达该地之前正常发饷。"他说这些话时完全知道赫拉克利人和西诺波人为使军队起航对提马宋所许下的愿。同时色诺芬却一言未发。

于是斐利修斯和阿加亚人吕孔起来,说色诺芬私下促使人们定居下来,并为此计划祭神求助,而公开地却一言不发,这是非常难容的。这时色诺芬被迫起立发言。他说:"弟兄们,你们知道,我祭神奉供都是为了你们和我自己,以便我可能讲、想和奉行一些对你们和我都最为合适的上策。现在这一次我只是祭奉请示这一点:是开始对你们讲明并实行这一计划好呢,还是完全不提。现在

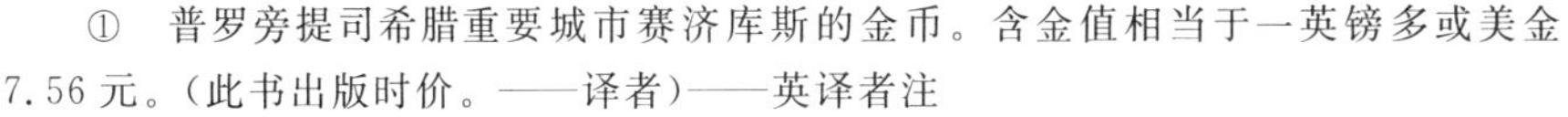

① 普罗旁提司希腊重要城市赛济库斯的金币。含金值相当于一英镑多或美金7.56元。(此书出版时价。——译者)——英译者注

② 小弗里吉亚及比太尼的波斯总督。——英译者注

③ 斯巴达一将官。他曾参加过伯罗奔尼撒战争,后来这万人大军由他指挥服役。——英译者注

西拉努斯预卜官关于主要之点答复我说兆头是吉祥有利的(因为他深知我并非对占卜之事无知,因为我一向总是亲临献祭的)。但是他说兆头里好像有一种反对我的阴谋诡计,显然是因为他知道他自己在搞阴谋,在你们面前中伤我。他散播谣言,说我打算不征得你们的同意立刻做这些事。现在,若是看到你们没有办法,我应想法制定计划使你们拥有一城,规定以后愿者立即起航回家,不愿立即回去的可以等积攒足够的财富后再回去,以便能对家人有所资助。可是,我看到,既然实际上赫拉克利和西诺波人就要给你们送来起航的船只,而且人们在许诺从本月起发饷,我认为,被安全地运载到我们所要去的地方,同时有饷度日,这是一件好事。因此,我弃绝我自己的那一个计划,并让所有来找过我并表示应当实行该计划的人也弃绝该项计划。

“我的意见是:像现在这样团结一致,保持力量,你们将受到尊重并获得给养供应;因为有力量就有机会夺取弱者的所有。但若你们不团结,力量分散,既不能得到生活给养,也不能安全离开。所以我认为,正如你们所为,我们应该启程回希腊。万一真的在全军到达安全地点之前发现有人背弃的话,他应该作为犯错误的人受审。凡是同意这个意见的,”他接着说,“请举手。”都举起手来了。

可是,西拉努斯开始喊叫起来,企图说,谁想离开军队便可离开才合理。但士兵们不许他讲话,并威胁他,说若发现他逃跑一定好好惩罚他。事后当赫拉克利人得知已表决起航走开,而且是色诺芬本人把这个问题交付表决的时候,他们真的送来船只。但关于许诺给提马宋和托拉克斯的钱,原来是欺骗了他们。因此,许下发饷的人大为吃惊,便对军队害怕起来。于是他们带领其他关于以往行动曾与通过消息的将官——即所有将官除掉阿西那人涅昂,涅昂当时作为副官,代理尚未回来的客里索甫斯——来见色诺芬,说他们已经改变主意,认为最好驶往法细斯河,因为就近有船,并夺取法西亚人领土。法西亚人的国王可巧是埃厄提斯的孙子。色诺芬回答说,关于这个计划他将一字不向军队提及,"但是,"他接着说,"如果你们愿意,你们可以把士兵聚到一起自己跟他们讲。"这时达达尼亚人提马宋发表他的意见,说他们不开大会,而是让每个将官先去努力说服他自己的队长。于是他们辞去,便开始这样做。

Ⅶ

这时士兵们打听出来在酝酿着这一计划。涅昂说色诺芬已经说服了其他将官,打算欺骗士兵,把他们领回法细斯河。听到这话,士兵们非常气愤。他们开了许多会,聚了好多人,怕他们很可能做出对科尔刻斯人使者与市场职员所做了的那种事情。色诺芬得知这种情况便决定尽快召集一个士兵大会,不让他们自行聚合。于是他派传令官召集会议。士兵一听到传令官的话便迅即马上集合。这时色诺芬不提那些将官来见他的事,讲话如下:

"弟兄们,我听说有人在对我进行捏告,说我要欺骗你们,把你们带到法细斯河。那么,诸神在上,请听我说,若是我犯有错误,我不应离开此地而不受惩罚。但如你们看到捏告我的人犯有错误,他们应当受到应得的对待。"他接下去说,"无疑,你们都知道日出何方，日落何地。同样也知道，若是人去希腊，他必须西行；而若想去异邦人土地，他必须反向而行，即向东。那么，有人能在此事上对你们进行欺骗，硬说日出之地为日落之所，而日落之所为日出之地吗？再者，你们一定也知道北风带你出攸克星海去希腊，而南风带你进到法细斯——常言道得好，‘北风吹起，正好航向希腊。’在这件事情上还有人能欺骗你们南风吹时上船吗？但你们可能说我将使你们在无风时上船。那么好啦，我将乘一舟，你们最少要乘百船。那么，如果你不愿意，我怎么能够强使你们跟我一道航行，或骗你们跟我走呢？但假定你们受我欺骗蒙混而我等到达法细斯地方，下船上岸，你们将很可能发觉你们不是到了希腊。那时，进行了欺骗的我是孑然一身，而你们受骗者将近万人，手持武器。那么，一个人怎能定要自找苦头而不为其本人和你们大家计划着想呢？

“还有一层，这些都是恶人造谣，嫉妒我在你们当中享有信誉。他们不应有这种妒忌之心，因为我妨碍了他们谁在你们面前说句好话，或者为你们和他自己奋起战斗，或者为照顾你们的安全着意操心呢？那么，好啦，当你们选举指挥时，我曾妨碍和影响任何人吗？我让位，让他做指挥，只要他表现为你们很好地服务。在我这方面，关于以上各点所讲的话好像就够了。但如你们当中有人认为他可能自己受那样谣言的欺骗，或是能以此谣言欺骗别人，请他讲话、说明。当你们觉得这一套已经够了的时候，不要走，请听听我看到在军队中已经开始出现什么样的坏事。因为若是我们碰上这事，而且如有迹象表明的那样严重，该是我们自己商议商议的时候了，以免我们显露为最恶劣、最卑鄙的人，为神和人，友和敌所共弃。”

听到此话，士兵们纳闷起来，不知是怎么一回事，便让色诺芬接下去说。他便又开始说道：“你们或许晓得，在山里面有跟赛拉苏人友好的异邦人堡垒，从那里有人下来卖给你们牲畜和其他东西。我想你们也有人去过堡垒买些东西再回来。科利尔图斯队长听说此地不仅小而且无防，因为居民们自认友好，便在夜间前去攻打，想去劫掠，并未和我们任何人打个招呼。他的意图是：若是夺取此堡便不再回军队来，而登上一只同伙人正在沿岸驶航的船，把所劫掠的一切东西装上船去，驶出攸克星海离去。现在我得知，他的船上同伙事先已和他订了这样的协议。所以他指挥所有他说服的人，领着他们向堡垒进击。可是当他还在进军的时候，天破晓了。他大为惊恐。当地的人聚集起来，从有利地形投弹、打击，杀死了科利尔图斯和很多从者，虽然其中有些人确实回到了赛拉苏斯。这一切发生在我们陆上出发来此的那一天。走海路的一些人仍在赛拉苏斯，尚未起航。

“事后，赛拉苏人说，该堡的三名居民长者到赛拉苏斯，想到我们大会上来。但因为没有找到我们，便向赛拉苏人讲话，说他们不知为什么我们认为应当攻击他们。可是，据说当赛拉苏人答说此事发生并非领导准许时，使者转悦，并拟乘船来此述说发生的事体并促请我们前去接收，掩埋死者尸体。现在正好有些逃走的希兵仍在赛拉苏斯，他们得知这几位异邦人往何处去时，不但自己厚颜无耻地以石攻击，并且别人也参加这样做。这三位使者被用石头砸死了。

“事发之后，赛拉苏人来见我们，告知此事。我们将官们听了之后对发生的事非常难过，便跟赛拉苏人商议如何掩埋希军死者尸体。当我们在营帐外面开会时，突然听到一阵大声喊叫‘打！打！揍！揍！’一会儿便看到一群人冲向我们，手里拿着石头，别的人在捡起石头。你们看，赛拉苏人眼见这样的事在他们自己的城里发生，当然非常震惊，便赶忙回到他们的船上。宙斯在上，对这事我们自己的人也受震动。可是，我走到他们跟前，问出了什么事。他们有的全然不知何事，但手里却在拿着石头。当我问到一个知情人时，他告诉我说市场管理员对待军队非常粗暴。这时有个人看见市场管理员泽拉尔库斯向海上退去，还大声喊叫。其余的人听到喊声，便冲向他去，好像猎人发现野猪或山鹿一般。这时赛拉苏人看到在他们近处冲奔，以为无疑是奔向他们自己，便逃跑起来，投入海中。我们的人也有跟他们跳入海中的，而正好不会泅水的人便被溺死。你们对这些赛拉苏人是怎样想法？他们并无过错，而是他们怕我们像狗犯疯病那样地发了疯。

“那么，如果这类事情仍这样继续下去，请看你们的军队要成什么样子。你们总体将不能承当对敌作战或停战，而是任何个人将能随意带领队伍去达到他想得到的目的。如果有人作为使节来见你们，想谈和或其他事情，任何人都可随意杀害他们，致使你们不能倾听来和你们会谈的人说些什么。再者，你们总体选出来做指挥的人将无足轻重。谁都可以自封将官而高喊‘揍！打！’，他将有权随意杀害将官或列兵，任何他想杀的人，不经审讯，只要有人听他的话，正如现在这次发生的情况一样。你们要想一想这些自封的将官实际上对你们所做的事情。拿市场管理员泽拉尔库斯来说吧，假如他对你们做了错事，他已经起航走开而未受惩罚；假如他无罪，他已经脱离军队逃跑，由于怕不经审讯地被无辜杀死。再拿以石击毙使者的人们来说吧，他们招致的结果是希腊人当中只有你们不能安全去赛拉苏斯，除非在强兵伴护之下。至于那些死者，以前杀死他们的那些人却后来建议去掩埋他们；你们这样一来，结果是现在连手执使节的专使都不能安全地去收拾尸体。手上沾有使者鲜血的人谁还肯去做使者呢？所以我们请求赛拉苏人掩埋他们。

“那么，如果你们认为这种事是对的，须得那样做，你们就这样决定吧。干这种事要自立防卫，并在扎营时努力设法占据上方右手坚固据点。但如你们认为这种做法不是人的行为，而是野兽的做法，便须有以制止。否则，以宙斯的名义，我们行违神纪，将何以欣诚供奉诸神呢？又将彼此残杀，何以与敌人战斗呢？看到我们肆无法纪又将有哪个友好城市肯接待我们呢？若是在至关重要的事情上我们犯有这种错误，又将有谁敢给我们提供市场呢？而且若是我们行为如此不端，在那个我们想象得到众人赞美的国度里[①]谁会称赞我们呢？我相信我们自己会称有这种行径的人为恶棍。”

这时全都起来提议，开始这样做的人应当受适当的惩罚，嗣后不准再无法无天；若是有人再这样搞，应当受审处死。将官们要把所有的违纪者付诸审判；对凡是在居鲁士死后犯过任何其他错误的人也将举行审判。他们指定队长们作为陪审。进而由于色诺芬的建议和预卜官的劝促，决定整饬军队风纪。于是便进行了整饬

① 在希腊。——英译者注

的礼仪。

Ⅷ

对将官们也进行了一次过去行为的审查。交出报告之后，斐利修斯和赞提克里斯由于疏于防守舱货，被处罚赔偿损失计二十迈那；索菲涅图斯由于疏于选任的职守，罚金十迈那。

也有人对色诺芬提出指控，说他打过人，犯了滥打人的罪名。色诺芬让第一个这样说的人说明他在何处挨打。这个人答说，“在那个积雪甚深，我们险些冻死的地方。”色诺芬道，“那么好啦，真的像你说的那种天气，给养断绝，酒连味也闻不到，当我们好多人艰困倦惫而后有敌人追踪时，若是在那种时刻我对你滥加虐待，我承认我甚至比蠢驴还荒唐；常言道，驴子荒唐而不怕疲劳。可是，请你说清你为什么挨打。是因为我向你要什么东西而你不给我吗？是我向你索还什么吗？是争夺什么心爱之物吗？是醉酒暴行吗？”当这个人回答说不是因为这些时，色诺芬问他是否一名重甲步兵。他答说不是。那么是一名轻甲兵吗？不，也不是轻兵。他说他被伙伴们派去赶一匹骡马，虽然他是一个自由民。这么一提，色诺芬认出他来了，便问道：“你是那个运送病号的人吗？”这人答说“是的，天哪，因为你迫使我去干，而且你把我同伙的行李撒得乱七八糟。”色诺芬说，“噢，撒开是这样的：我把它分给别人携带，让他们再交给我。当交给我后，我把全部东西完好无缺地交还了你，而你却让我看这个病号。”“请大家都听听，”色诺芬接下去说，“请听事情发生的情况，因为这件事很值得一听。”

“一个兵,因为不能再继续走下去,落在后面。我熟悉他也只不过知道他是我们的一员。我让这位先生携带他以免丧命,因为,我记得,敌人在追赶我们。”这个家伙同意所说的话属实。色诺芬接着说,“好啦,在我把你打发在前走去之后,我随后队行进又赶上了你,发现你正在挖一个坑来掩埋此人。我停下来,并表扬了你。但当我们在一旁站立时,此人抬起了腿。我们全都惊叫起来,说‘这人活着哩’。你却说道,‘叫他愿活就活去吧,反正我不愿再背他了。’于是我打你。你讲的是真话,因为看来你是知道此人还在活着。”这个家伙说,“好啦,那又有什么关系?我让你看了之后,他不还是照样死了吗?”色诺芬便道,“啊,我们全都是总归要死的。难道说因此我们就该被活埋吗?”

这时大家都喊道,这个家伙,色诺芬打得还不够,还欠打。于是他让其他被打的人述说每人各自被打的原因。他们没有起来说话。这时他自己接着说:“弟兄们,我承认,我确是打过不守纪律的人。你们行军秩序井然,遇有需要就进行战斗,保护了他们。而他们自己却擅离队伍,跑上前去贪图劫掠,获得便宜。若是我们都这样干,我们都早已丧了命。再者,当有人甘为弱者,不愿起来,甘落敌手时我确实打过他,并强迫他继续前进。因为有一次,在严寒天气时,我自己坐了好久,等候一些人在打背包,我发现很难站起来伸开腿。经过验试,事后当我遇见别人坐下来躲闪时,我总是赶他们向前。因为动起来,挺身振作起来产生一定的温暖和灵活,而坐下来不动容易使血液冻结,足趾烂掉。这,你们自己都知道,正是很多人遭到的不幸。还有一回,有个人在某处,或许是由于懒散,落后了,致使你们前队的人和我们后队的人都不能前进。我用拳

打了他一下,以免敌人会用矛刺死他。说实在的,正是因为这个道理,这些人得了救,能够对在我手中所受过的不公对待得到报偿满足。若是落入敌人之手,他们要受到多么大的苦难才能现在要求报偿满足呢[①]?”

“我的辩护很简单,”他接下去说,“如果我惩罚了任何人,那是为了对他好。我想我应该如此予以说明:正如父母对儿子和老师对学童一般。医生为了病人的好处也动烧、割手术。但如你们认为我这样做是出于荒唐,请你们现在看,诸神保佑,我比那时更自信,我比那时更勇猛而且喝酒更多;可是我并不打人——道理是因为我看到你们平静无事。但是当风雨狂暴、波涛汹涌时,你们不曾看到,即使因为打一个盹,领航人便对船头的人发脾气,而舵手对船尾的人动怒吗?因为在那种情况下即使小的差错也足以坏了大局。你们自己下了断语,认为我打这些人是正确的。你们站立在旁,手里拿着战刀而不是选票,你们要帮助他们便能对他们进行帮助。但是,天哪,你们既不对这些人给以帮助,也不跟我联合起来打击这种破坏纪律的人。结果是你们这样放任不管便给予其中坏人以行动放荡的自由了。”

“我想,如果你们肯考查这事,你们将发现,那时最怯懦的人正是现在这些最放荡的人。且看,塞萨利拳手勃依库斯那时千方百计逃避携盾,辩解说他疲惫不堪,但现在听说他剥夺了好多科提拉人的衣物。因此,若是你们明智,你们对这个家伙要不同于对狗之

① 讲话人这样讥讽地含蓄意思是:他们会早已死掉而不得再谈什么满足任何要求了。——英译者注

道来对待他，因为野狗白天索起来，夜里放开。而这个家伙，你们若是明智，将把他夜里索起来，而在白天放开。”

“说实在的，”他接着说，“我感到很奇怪，若是我抱怨你们当中任何人，你们记在心上不会默不作声；而若是我保护了任何人不受冻挨饿，或使他免受敌害，或在他贫病时提供援助之物，这些事却谁都不记在心上。再者，若是我对一个人表扬了他的优良行为，或尽我所能奖励了他的勇武时，你们也不记得任何这类事情。可是，肯定地更光荣、更公正、更正直、更有德的是要记住好事而不是坏事。”

于是人们开始起来，回忆过去的事情；结果是一切令人愉快和满意。

卷　六

I

此后，当他们停留在科提拉时，有些人靠从市场购买来维持，另些人则靠劫掠帕弗拉戈尼亚为生。但帕弗拉戈尼亚人极善于绑架零散士兵，并在夜间试图对驻扎零散的希兵加害。因此他们跟希军彼此极为仇视。这时适值任职帕弗拉戈尼亚统治长官的科律拉斯派使者携带马匹、华衣来见希军，传话说科律拉斯无意加害希军，也不受他们的伤害。将官们回答说将与军队商议此事，但同时设宴款待了使者，并邀请军中要员作陪。祭奉宰杀了一些所掠牲畜和其他动物，他们预备了一席丰盛的筵席，倚榻而餐并举此地所制的角杯而饮。

当他们奠酒、歌赞之后，两名色雷斯人首先翩翩起舞，穿着全副甲胄，伴着笛子的乐声，轻妙地高跳，挥舞着军刀。末后都以为这一人击中了那一人，后者巧妙地战死倒地。这时帕弗拉戈尼亚人发出一声惊叫。于是第一人剥夺了后者的武装，唱着西塔尔卡斯战歌[1]走出场地而其他色雷斯人把倒地的舞者拖走，好像是死了一般；实际上他一点都没有受伤。这以后一些埃尼安尼亚人和马格涅西亚人起来，武装着跳起了叫作卡尔帕卡的舞蹈[2]。这个舞是这样的：一个人在播种，赶着一套牛，武器放在一边。他屡屡地转身，好似害怕。来了一个强盗。播种人一见到他来便抄起武器，迎上前去和他交仗来救他的牛。这两个人全部表演都是随着长笛音乐的节奏。最后强盗把这个人捆绑起来，把牛赶走。有时牛的主人把强盗捆绑起来，倒背着手，把他跟牛一起并列轭连起来一同赶走。接下去一个米西亚人进来，每只手里拿着一只轻盾。在舞蹈时，一会儿他表演一阵哑剧，好像有两个人和他对阵；一会儿他好像用盾对付一个敌人；一会儿他又转身盘旋打跟斗，同时手里还拿着盾牌，场面十分好看。最后，他跳起了波斯舞，把盾牌撞得铿锵作响；一会儿俯身下来，一会儿又腾跳起来。所有的表演都是伴随着长笛的乐声。在他以后曼提尼亚人和一些另外的阿卡狄人起来，带着能有的最好的武装和配备，伴随着军乐的笛声节奏踏步前进，唱着胜利赞歌，舞蹈着，正如阿卡狄人祭神庆祝行列所做的一样。帕弗拉戈尼亚人一边看着，一边想：所有的舞蹈都是武装的，真是奇怪。这时米西亚人看到他们吃惊，便劝说一名阿卡狄人让他的舞蹈姑娘进来表演。他把她打扮得极漂亮，还给了她一只轻盾牌。于是她便轻妙地跳起了皮希亚舞[3]。大家齐声喝彩。帕

---

① 一首色雷斯战歌，显然是为纪念从前一个名叫西塔尔卡斯国王而编的。——英译者注

② 这种舞蹈我们只是由这段文字才知道的。——英译者注

③ 一种著名的战舞。——英译者注

弗拉戈尼亚人便问是否女人也随同他们作战。希军答说从营帐打跑国王的正是这些妇女。这一晚就这样地结束了。

次日他们把使者介绍给军队。士兵们通过一项决议,不伤害帕弗拉戈尼亚人,也不受他们伤害。于是使者离去,希军看来手边已有足够的船只,便上了船,左面沿着帕弗拉戈尼亚顺风航行一天一夜。第二天他们到达西诺波,便在西诺波境内的哈尔梅涅停泊下来。西诺波人确是住在帕弗拉戈尼亚,但他们是来此殖民的米里图人。他们给希军送来三千迈丁努[①]大麦粉和一千五百坛酒作为招待礼物。

客里索甫斯带着一只战船,也来到这里了。士兵们本来期待着他给他们带来一些东西,但实际上他什么也没有带来,只带有一个消息,就是安那克西部斯海军司令等人嘉奖了他们,而且安那克西部斯许诺,若是他们出了攸克星海,将有正规军饷。在哈尔梅涅这里军队停留了五天。

这时候,因为好像靠近了希腊,士兵们比以前更加考虑到怎样能回家时有所携带的问题了。因此,他们得出结论,认为应当选出一位指挥。这个人将无论白天、黑夜都比一群指挥能更好地处理军务。如有需要保密,他将能更好地保守秘密;若是需要赶在敌人前面占上风时,他将比较不容易迟误。士兵们认为不需要将官们彼此互相会商;这一个人决定下来计划就得贯彻,而在过去一切事将官们总是按照多数表决去办。

他们考虑了这些事,便去见色诺芬。队长们见了他,说这是军

① 一迈丁努(梅第姆 medimnus)=约一个半蒲式耳。——英译者注

队的意见。每个队长表示好意地促请他承当这一指挥任务。色诺芬本人为了某些理由倾向于接受指挥任务，因为他想，如果这样做他将在朋友间享有更大的荣誉，到达他的家乡时，会有更大的名气；同时，他还可能设法为军队做些好事。于是这些考虑在他心里引起一股要做唯一指挥的殷切愿望。另一方面，当他想到没有人能看清将来前途如何，因此便有可能甚至丢失已经享有的声誉时，他便又犹豫不决。

因为他无法决定这个问题，他认为最好是请教诸神。于是他带了两头牺牲去到祭坛，去向德尔菲卜官前所指定给他的宙斯天王祭献。他认为当他初步参加负责军队事务时所得的那个梦，也是此神所托赐。再者，他回想起，当他从以弗所起身去被引荐给居鲁士时，一只鹰在他右边尖叫。此鹰坐卧不动，随同引导的占卜者说此兆应在超众的大人物身上，它象征光荣，但预示有苦难，因为鹰在卧时最易受别的鸟攻击。他还说，此兆并不是有得之兆，因为鹰多是在飞翔时得食。这时色诺芬奉上祭献，神十分明确地表示：他既不应努力争作指挥，便是被选上也不要接受此职。这便是这件事的结果。

这时军队会齐，所有发言的人都主张选出单一指挥长官。决定之后，他们便提名色诺芬。看到这个问题一副表决显然他们要选举他的时候，色诺芬起立发言如下：

“弟兄们，因为我是一个人，我很高兴得到你们给予的荣誉。我也很感激；我祈祷诸神能赐我机会为你们谋些福利。但我还是认为，有一位拉西第蒙人近在身边，而你们选我作指挥是不当的，——因为这样你们便不大可能充分得到拉西第蒙人的照顾。

另外,我认为这也并不安全。因为我看到拉西第蒙人一直对我故邦交战,直到使它的所有公民都承认拉西第蒙也是他们的领袖。但当这一点一被承认,他们便立刻停止了交战,并不再继续围攻此城。既然了解这种情况,现在若是我好像在力所能及的场合试图取消他们的权力,我猜想为此便会很快地受到惩戒。至于你们想有单一指挥官比很多指挥可减少派性,你们尽管放心。若是选了另一个人,我将不会搞分裂活动,——因为我认为当一个人在战争中搞分裂反对指挥官,这个人就是在搞分裂反对他自身的安全。但是如果你们选我,将有人对你们和我本人气愤不满,这是不足为奇的。"

当他这样讲了之后,更多的人起来,说他应该当指挥官。司腾法利人阿加西亚说,若是情况像色诺芬所说的那样,那太可笑了。他说道,"如果宴席上宾客聚会,没有选一个拉西第蒙人做宴主,拉西第蒙人也会生气吗?若是事情是那样,好像连我们做队长的也不自在了,因为我们是阿卡狄人。"这时士兵们喧叫起来,说阿加西亚说得很对。

这时色诺芬看到还要做些工作,便走向前来又说道:"弟兄们,好啦,为了使你们充分了解此事,我在诸神面前向你们实说。当我一了解到你们的意图时,我便祭神奉献,求示你们把指挥权交托由我承担是否最好。诸神在献牲上显示征兆,连一个俗人都能看出,我必须不要接受这一单独领导的任务。"

在这种情况下,于是他们选举了客里索甫斯。被选之后,客里索甫斯走上前来,说道:"好啦,弟兄们,请相信如果你们选了别人,我也不会搞派性。至于色诺芬,你们不选他是帮了他的忙,因为德克西浦斯现在还一直尽可能在安那克西部斯面前诬告他，虽然我极力制止他。他说他相信色诺芬宁愿和达达尼亚人提马宋分担指挥克利尔库斯军队的职务，也不愿要他这个拉孔尼亚人。可是，既然你们已经选了我，我将努力尽量为你们服务。请你们准备好明天出海，如果天气好。航程将至赫拉克里亚。我们全体必须在那儿上陆。至于以后的行动，等我们到了那里再议。”

Ⅱ

次日他们由西诺波起航，顺风沿岸航行二日。一路行来，他们到达赫拉克里亚。这是一个希腊城市，一个麦加拉人的殖民地，位于马利安狄尼亚人境内。他们在阿克鲁西亚刻尔索尼斯沿岸停泊下来。据说赫拉克里斯在此处随犬[①]赛柏汝斯下入黄泉，这里现在还有下去的痕迹，深达两司塔迪有余。这里赫拉克里亚人为希军送来招待礼物，计三千米迪姆大麦粉，两千坛美酒，二十头大牲畜和一百只羊。此地流经平原有一条河，名叫琉斯河，宽约两普勒特隆。

这时士兵们聚到一起，着手商议其余的路程，即他们最好是从攸克星海由陆路还是由海路继续前进。阿加亚人吕孔起立说：“弟兄们，我真惊异，将官们不设法给我们钱买给养。我们东道的赠与不够军队三天的伙食了。启程之前我们没有地方得到给养。因此，我提议我们向赫拉克里亚人索要至少三千赛济库斯金币”——

① 希腊神话中黄泉世界的守犬。——中译者注

另一人说至少一万——“而且我们应当立刻就选派使者去城里，听他们的回话再行计议。”于是他们便提名使者，首先提了客里索甫斯，因为他已被推选为司令官；也有些人提色诺芬。可是两人都坚决拒绝这一使命，因为两人有同一见解：认为不应该强迫一个友好的希人城市提供非自愿的帮助。既然这两人不愿去，他们便派了阿加亚人吕孔，帕拉西亚人卡利马库斯和司腾法利人阿加西亚前往。这些人去后，把军队通过的决议向赫拉克利人提出。据说，吕孔还说，若是他们不依从照办，还要加以威胁。听了使者的话后，赫拉克利人说将对此事进行考虑。立刻他们便着手把这一地带的财物集中起来，并把市场移至城墙以内；同时关闭了城门，城墙上出现武装。

这时节，招致这场动乱的人指责将官们破坏了他们的事业。阿卡狄人和阿加亚人便结合在一起，特别由帕拉西亚人卡利马库斯和阿加亚人吕孔指挥。他们讲话的意思是：伯罗奔尼撒人受一个雅典人和一个拉西第蒙人指挥是可耻的；他们对军队并无贡献人马，艰苦落在自己头上而好处都归于别人，——虽然事实上军队的保全是他们的功劳。他们说，是阿卡狄人和阿加亚人得到的这个成就，其余的队伍等于零——不错，实际上军队半数以上是阿卡狄人和阿加亚人。因此，若是他们聪明，他们应当自己结合起来，由他们自己人当中选出将官，自己修路并且从中试图得到一点好处。这个行动计划决定下来了，跟客里索甫斯和色诺芬一起的所有阿卡狄人和阿加亚人都离开这两位指挥官，结合起来，由他们当中选出十员将领，宣布这十个人将执行多数通过的任何事情。于是客里索甫斯的最高领导权在他被选出后的第六或第七天便当即结束。

可是色诺芬愿意同客里索甫斯一起赶路，认为这比他们各自单行更安全些。但是涅昂劝他单走，因为他已经从客里索甫斯那里听说在拜占庭的拉西第蒙总督克里安德说他将率一批三列桨战船前来卡尔佩港。涅昂想只有他自己和客里索甫斯及其士兵乘船走开，而不让任何别人享有这一机会，所以便劝色诺芬自己走。在客里索甫斯方面，他对所发生的事情十分沮丧，而且对军队的行动感到愤恨，便让涅昂为所欲为了。有一阵色诺芬确是想离军经海回家。但当他向赫拉克里斯大神祭献请示怎样比较好，比较适合：是和仍留下来跟随他的士兵继续行程，还是摆脱开他们。神通过祭牲对他指出应该和他们在一起。这样，军队便分成了三部分：第一部分是阿卡狄人和阿加亚人，为数四千余名，皆为重甲步兵；第二部分是客里索甫斯的队伍，计一千四百重甲，七百轻装，后者是克利尔库斯的色雷斯人；第三部分即色诺芬的队伍，计一千七百重甲和三百轻装。可是色诺芬自己还有约四十骑兵。

阿卡狄人想法从赫拉克利人那里弄到船只，首先起航，企图出其不意，下去攻打比太尼亚人，从而获得尽多的劫物。他们在卡尔佩港下船，约在色雷斯海岸的中部。客里索甫斯则从一开头便从赫拉克利城由陆路出发，横穿这一地带。可是当他进入色雷斯时便沿海岸前进，因为他生病了。最后，色诺芬乘船，在色雷斯和赫拉克利分界处下船，经内陆赶路。

Ⅲ

这几部分的前途遭遇如下：阿卡狄人在夜里于卡尔佩港下船之后便向离海约三十司塔迪的近处村庄前进。天亮时，每个将官带领自己的连队攻打一个村庄，除非村庄好像太大时将官们并起两个连队前去攻击。他们还指定了一个山，在那儿队伍事后会合。因为他们的袭击出乎意料之外，俘虏了不少人，并且轻易地得到好多只羊。但是逃避了的色雷斯人开始集合起来——因为他们是轻兵对重甲，好多人逃脱了阿卡狄人之手。当他们集合到一起之后，他们首先攻击一个阿卡狄亚将官司米耶所率的连队。那时他们已经在退往堆有大量劫物的指定地点。有一段时间希军且战且进，但是在过一个峡口时色雷斯人把他们击溃，不仅司米耶本人被杀死，而且全队一个不留。在十名将官所属连队里由赫哲山大指挥的另一队中，只剩下来八人未死，赫哲山大本人是其中之一。

其他连队得以集合起来，有的很困难，有的没有什么困难。但是色雷斯人得胜之后总在彼此呼叫，彻夜大举重整兵力。黎明时他们把兵力摆开，团团围住希军扎营所在的山头。他们的队伍包括大队的骑兵和轻装兵，同时还有更多的队伍在不断地集合起来。他们对重甲兵进行攻击而自己没有危险，因为希军既无弓兵，也无投枪手或骑兵。他们跑着或乘骑上前投枪攻击，而当希军进击时他们便会容易地逃脱，而且各队人马总是攻打各自不同的攻击之点。所以，一方是伤人众多，而另一边则无一人受伤。结果希军不能由此地点移动，而且最后色雷斯人甚至切断他们，使他们得不到

水的供应。当处境变得严重困难时，他们开会谈判休战。在其他每一点上都达成了协议，但是色雷斯人拒绝交出希军要求交还的人质。在这一点上出现了阻难。以上便是阿卡狄人所经情况。

至于客里索甫斯，他沿着海岸安全行进，到达了卡尔佩港。

色诺芬最后经内陆前进。他的骑兵走在前面，碰到几位赶路往那里去的老人。这几位老人被带去见色诺芬。色诺芬问他们是否曾听到说哪儿还有另一支军队，一支希腊军队。老人便把所发生的一切事情告诉了他，并说目前这支希军正被困在一座山上，色雷斯全力以赴地把他们团团围住。于是色诺芬把这些人严格看守起来，以便在需要到哪里去时使他们做向导。安排好看守的人之后，他把队伍召集到一起，说道："弟兄们，阿卡狄人有些被杀死了，其余的人被围困在一座山上。我本人认为，如果他们灭亡，我们也不会得救，因为敌人人多势众，取得了胜利变得更为自信。因此，我们最好火速去救援他们。若是他们还活着，他们可以在战斗中帮助我们，否则只剩下我们自己，便得独自应付危险。我们从这里无有投奔的地方。回赫拉克利路程太远，去到克里索波利斯还有很长的路，而敌人近在身边。最近的去处是卡尔佩港，我们想客里索甫斯若是行程安全，应到该地。但你们首先要注意，到了那儿之后我们既无船只可起航，而且若是待下去连够一天的给养也没有。第二点请考虑的是，若是看这支被封锁的兵力被毁灭而只跟客里索甫斯的队伍一道去闯，倒不如把这些人救出来，然后联合所有兵力共图得救。那么，我们必须出发，心中有所准备，或是今日光荣战死，或是完成一件十分崇高的事业去使那么多的希军得救。也许神是如此安排事物的，他要那些讲话浮夸，好像比人高明一等的

人遭受耻辱，而我们这些永远按神意行事的人[①]，更比那些浮夸者得到尊敬。现在你们必须整队待命，以便执行命令。那么，现在让我们向前行进，留有吃饭的时间，然后扎营。在我们进军过程中，让提马宋带领骑兵在前开路，不要远离看不到我们，窥探前面有什么动静，以使我们能没有失察的地方。”

说罢他便带路前进。另外，他还派了一些比较灵活的轻装士兵去到两翼和附近高地，以便若是在任何地方、任何瞭望点发现任何事情能够向军队发出信号。他指示他们点燃找到的所有可燃的东西。于是骑兵适当地散开便去点火。轻装兵沿着高地与军队主力并排前进，点燃起所有看到的能燃烧的东西；军队主力也点燃起所找到的被遗落的东西。结果是全区好像一片火海，而军队显得很庞大。时间一到，他们上了一座山，扎营下来。从这里他们能够看到敌人的营火，约有四十司塔迪之遥。他们自己也燃起了尽多的营火。可是，当他们吃罢饭之后，立刻下令把全部营火熄灭。这时，派了岗哨之后，他们便睡了一夜。破晓时他们对诸神祈祷，摆开战阵，以尽可能最快的速度出发前进。提马宋和骑兵同向导乘骑走在前面，不知不觉地到了希军被围困的那座山上。可是他们看不到有军队，无论是友军或敌军(他们把这种情况回报给色诺芬和军队主力)，只有一些被遗留下的老弱男女和不多的羊和牲畜。起初他们只是莫名其妙这是怎么一回事。但后来他们设法从留下的人们那里得知色雷斯人天一黑便不见了。他们说希军也走了；但是到哪儿去了，他们不知道。

① 即在进行任何事业之前请示诸神。此乃谚语。——英译者注

听到这个消息，色诺芬和他的士兵便打好行装，一吃完早饭就出发，想尽快地去和战友们在卡尔佩港会合。当他们行进时，可以看见阿卡狄人和阿加亚人在通往卡尔佩港道路上的行迹。当这两支人马来到一起，彼此见了面非常高兴，相互致意象兄弟一般。阿卡狄人问色诺芬的队伍为什么把营火熄灭。他们说，"起初我们以为你们熄灭火光打算夜间攻打敌人。所以，至少是我们认为，敌人也对此害怕，因而离去，因为他们正是大约在那个时候走开的。但所需时间已过，而你们没有到，我们以为你们得知我们的处境，害怕了，偷偷地向海方走去了。我们认为最好不要落在后面，所以我们也向此地行进。"

Ⅳ

这一天他们在港口海滩上就地露营。这个叫作卡尔佩港的地方位于色雷斯亚洲部分。色雷斯这一部分是从攸克星海口开始，一直伸延到赫拉克里亚，在航入攸克星海的右侧。从拜占庭到赫拉克里亚乘三排桨船划行是很长的一天路程，而两地之间并无它城，无论是友好的还是希腊的，只有比太尼亚色雷斯人。据说他们对沉船遇难的或是以其他方式抓到的希腊人加以残暴的虐待。卡尔佩港则是位于赫拉克里亚和拜占庭海程中途。它是突出海中的一块陆地，向海伸出的部分岩石陡峭，最矮处也不下二十哼之高；和大陆相连的地峡约宽四普勒特隆，其间向海伸出地峡面积足供一万人居住。紧靠岩石下面有一港湾，滩岸向西；紧靠海岸还有一个出于地岬的水流充畅的淡水泉。这里海岸上还有大量的各种林木，尤其多的是造船的上好木材。山脊向内陆伸延约二十司塔迪。这一带土壤深厚无石，而沿岸土地绵延二十余司塔迪，密林遍布，富有各种上好的巨木。这一带的其余地方美好辽阔，有许多居民的村庄，因为此地产大麦、小麦、各种豆类、小米和芝麻，好多无花果和大量的出一种好甜酒的葡萄，实际上除去橄榄之外什么都有。

周围一带的情况就是这样。人们在海边滩岸上停留下来，拒绝到可能变为城市的地点去扎营。他们以为来到此地事实上真的就完全像是有些人谋划想要建立一个城市的结果。这些兵大多数都是离开希腊远航服役来挣钱，不是由于生活贫困，而是由于听传说居鲁士人品高尚。有的人还带别人一道来，有的人甚至还为此事花了不少自己的钱。还有一种人抛离了父母，丢下了子女，心想弄些钱给他们带回来，这都是因为他们听说别的跟居鲁士服役过的人们都享有丰足的好运气。因为是这样的人，所以他们都渴望安全回到希腊。

三部人马重新会合后的次日，色诺芬祭神供献，打算进行一次出征，因为需要外出寻找给养，而且他打算去埋葬那些战亡的阿卡狄人。牲献兆头吉利，阿卡狄人也跟随其余的人[①]一道前往。他们把大部死者各自就地掩埋，因为他们已经曝尸五日，此时不可能再把尸体运走。可是有些横尸路上的他们便搬到一起，尽可能地隆重埋葬一番。至于那些找不到的人，他们立了一座异地埋葬纪念碑，并在上面放了花圈。这一切做完之后他们回到营帐，然后吃了饭便去睡觉。第二天全体士兵开了个会。会的主要提议人有司

① 即不再坚持他们的独立组织。——英译者注

腾法利人阿加西亚，一名队长，伊利斯人希罗尼穆斯，也是一名队长，和阿卡狄长者中一些人。他们通过决议：以后任何人若是提议分裂军队应当受到处死的惩罚，而且军队应当回到从前那样的编制，以前的将官应当复职。这时客里索甫斯由于医治热症服药影响已经死亡，他的指挥职权传给了阿西那人涅昂。

接着，色诺芬起立说道："弟兄们，我们的行程好像必须走陆路，因为我们没有船；而且我们必须立即出发，因为若是停留此地没有给养。那么，我们要祭献奉神，你们必得和以往一样准备战斗，因为敌人已经恢复了勇气。"于是将官们开始祭献，在场的预卜官是阿卡狄人阿瑞克雄，因为这时安布拉喜阿人西拉努斯已经在赫拉克里雇了一条船逃走了。可是当他们奉献牺牲求问起身之事的时候，兆头却不吉利。因此他们那一天便停下来休息。有的人这时有情绪，说色诺芬想在这一地点建立一个城市，诱使预卜官宣称牺牲兆头不宜离去。因此他公开宣布，明天谁愿意都可以到场来参加祭献；如果有人是预卜者，他将传话让他来参加检视牺牲。于是他在许多见证人亲临出席之下进行了供献。但是虽然他接二连三地祭献牺牲求教离去之事，牺牲兆头总是不吉。这样，士兵们便生了气，因为他们随身带的给养已经不足，而且附近又仍没有市场供应。

因此他们开了一个会，会上色诺芬再次向他们讲话。他说："弟兄们，关于出发上路的事，你们看到了，牺牲兆头还是不利。但我知道你们缺乏给养；所以我认为我们必得祭献牺牲只问后面这一点。"这时有人起立说道，"我们的牺牲兆头不利好像是很有道理的，因为我听到昨天乘船偶然来到这里的人说拜占庭总督拉西第

蒙人克里安德将率领商船和战舰来此。"听到这个消息，大家都认为最好留下来等一等。但是还需要出去弄给养。为这一点色诺芬又祭献牺牲，以至三献，但牺牲兆头仍然不吉。这时节人们甚至来到色诺芬的营帐，声称他们已无给养。但他说，在牺牲兆头转为有利之前他不要带领出去。

次日他又要做祭献牺牲，几乎全军人马都聚拢来到祭献牺牲的所在——因为这是每一个人都关心的事情。但是牺牲已经没有了。这时将官们拒绝领人出去，于是把他们召到一起开了个会。色诺芬说："也许敌人已经集合起来而我们必须打仗。那么，若是我们把我们的辎重放在那个强固的地点[1]而出发准备打仗，或许我们的牺牲兆头会顺利。"可是，听到这话士兵们喊起来，说完全不需要进入该地，而是最好尽速祭献牺牲。这时他们已经没有羊了，便用买来套在车上的一头阉牛来祭献。色诺芬请阿卡狄人克里安诺[2]特别注意，看是否在这次奉献中有什么吉祥兆头。但即使这样兆头还是不好。

这时涅昂代替客里索甫斯为将。当他看到士兵们匮乏已极的情况，他想给他们帮帮忙。找到了一个自称熟悉附近可能找到给养的村庄的赫拉克里亚人，他宣布凡是愿意的都可去找给养，他将带领前往。于是约有两千人带着扁担[3]、酒囊、口袋和其他器具出发前去。但当他们到达村庄正在散开各处寻求劫物时，他们首先

① 即前面所说的海角。——英译者注

② 一名将官。——英译者注

③ 即为了运带劫掠物。——英译者注

受到法尔那巴组斯骑兵的攻击。这些骑兵是来援助比太尼亚人，想和比太尼亚人一起试图阻止希军进入弗里吉亚的。这些骑兵杀死士兵不下五百人，其余希军逃往高地避难。事后有一个逃脱的人回到营地报告发生的情况。色诺芬，因为那天的牺牲兆头不利，从一辆车上卸下一头牛——因为没有其他牲畜了——祭献了它，便带领所有其余三十岁以下的人全部驱往救援。他们把活下来的人救出，回到营地。这时天近黄昏，希军正在心情低落地准备吃饭，突然有些比太尼亚人由丛林中出击外哨，杀死了一些希军，并把其余的人追到营地。一声呐喊，所有希军便拿起武器。但因这一带丛林密布，夜间追击或转移营地似不安全，他们便整装度过这一夜，派了好多哨岗警戒。

V

他们就这样过了一夜。天亮时，将官们带领士兵随携武器辎重奔向那块坚固高地。在早饭时间到来之前他们在通往该处的道路上挖一横壕[1]，沿壕全长围起栅栏，留了三个门口。这时从赫拉克里亚来了一只船，运来大麦粉、供祭牺牲和酒。

色诺芬早早起来祭献求教征途的事。第一献兆头便是吉利的，并且正当献礼接近结束时，预卜官帕拉西亚人阿瑞克雄看到一只吉祥的鹰，便促请色诺芬带领前往。他们越过壕沟，放下武器停歇。这时他们宣布吃罢早饭队伍要武装出发，随军人员和俘虏就

---

① 即前面所说的地峡（卷四第三章）。——英译者注

地留下不动。于是其余的人开始出发,只留下了涅昂,因为把他留下来看管营地诸事好像最适合。但当他的队长和士兵看到别人出发,羞于不随同前去而开始离弃他时,将官们便把凡是四十五岁以上的人都留在营地了①。于是这些人留下来,而其余的人出发了。他们走了还不到十五司塔迪便开始遇到尸体。队伍前进,直到后队也到达最初发现尸体所在对面的地点时,他们便将纵队所经地段的尸体掩埋起来。把这第一批掩埋之后,他们便又继续前进。等到后队跟上来到这第二段的又一批尸体发现地点时,他们便又同样地把这一段的尸体掩埋起来。但是当他们来到从村庄通出来的大路时,发现尸体堆放过多,便把他们都聚到一起掩埋了。

这时已是晌午后,他们仍在领队前进,在村外搞给养——队列所及处能看到的任何东西。突然间他们看到敌人在走过对面的一些山头。其中有大队骑兵和步兵,全都列好战阵。原来这是司庇特里达忒斯和剌提涅斯奉法尔那巴组斯所派遣带领人马前来。敌人一见到希军便在距离约十五司塔迪处停了下来。这时节希军预卜官阿瑞克雄立即祭献牺牲;第一个牺牲的兆头便是吉利的。于是色诺芬说道:"诸位将官,我认为我们应当在战阵后方派驻预备连队,以便若有地方需要援助时有人增援战阵,而且敌人在他们混乱之后能碰上秩序井然的生力军。"大家都同意。色诺芬便说,"那么,好啦,请你们带队奔向敌人;既然敌人已经看到我们,我们也看

① 原计划是留下涅昂及其所部看守营地。但因涅昂的士兵坚持与其他部队一同走,将官们便决定不是留下一支正规部队,而是把全军中比较年老的人留下。——英译者注

到了敌人，就不要静止不动了。我把殿后连队照你们的决定布置好便跟上来。”这样，当别人不声不响地前进时，他把最后三个营分开，计每营二百人，并令第一个营转向右方在方阵后相距约一普勒特隆处跟随。这一营由阿加亚人萨莫拉斯指挥。第二营他摆在中间，同样地尾随在后，由阿卡狄人皮希亚斯指挥。最后一营他摆在左面，由雅典人福拉西亚斯指挥。

在他们前进中，前头的人来到一个大山谷，很难通过。他们停住了，不知是否应过此谷，便传话让将官、队长们到前边来看。这时色诺芬不知何事阻滞了前进，听到召唤便急忙乘骑来到前面。军官们一来到一起，年事最长的将官索菲涅图斯便说，过这样一个山谷不是值得考虑的问题。

色诺芬很急切地答话说：“诸位，你们晓得我还从来不曾让你们冒任何需要选择的危险。因为根据情况你们所需要的不是勇武的名誉，而是安全还归。但此刻情况是，不经一场战斗我们不可能由此地脱身。因为若是我们不攻击敌人，敌人就要趁我们撤离时跟上来攻击我们。那么请考虑一下，是举枪向前去攻击这些敌人好呢，还是倒转枪头，看着敌人从后面攻击我们好？可是，你们知道，在敌人面前后退是不荣誉的，而前进追击则甚至能使怯夫鼓起勇气。在我看来，我总认为宁可带领一半多的人前去攻击，也不要带着两倍多的人后退。至于那边那些队伍，我知道，若是我们去攻打他们，他们不见得敢来迎战；而若是我们后退，我们可断定他们便有了勇气来追击我们。再说，当你们将要打仗而渡过一个困难的峡谷把它甩在后面时，这不是一个很值得抓住的机会吗？我本人希望敌人所经的各条道路都似乎容易行走，便于他们撤退，而我

们自己却应当根据此地情况明白我们只有胜利才得安全。我真不明白会有人认为当前这个峡谷比我们已经走过来的地带更可怕。若不是我们战胜了敌人骑兵,怎能过了那片平原?若是那一大群轻兵紧紧跟在我们后面,又怎么能过了那些山呢?再说,如果真的安全到达海洋,我们可以说那攸克星海又是多么大的一个峡谷呢?在那里我们既无船只把我们运走,而停下来又无粮食维持,而且一到那里我们便又得赶快离开去寻找给养。好啦,那么我们已经吃了早饭,今天去打总比明天没有吃早饭再打好些。诸位,我们祭献的牺牲兆头是吉利的。鸟的兆头吉祥,牺牲的兆头大为吉利。让我们向敌人进击吧。这些家伙,既然已经看到我们了,一定不能再让他们吃安生饭或是随心择地扎营。"

经这一说,队长们促请他带领前进,没有一个人反对。于是他头前带路并发了命令,每个人都得在他自己沿峡谷碰上的地点跨过,因为这样军队比成纵队经由横跨峡谷的桥到达彼岸集合来得更快一些。当他们过了峡谷之后,他沿队走着,说道:"弟兄们,不要忘掉,诸神保佑,你们已经在近战交手中赢了多少次战役;不要忘掉,那些在敌人面前临阵脱逃的人所遭的下场;并且一定要想到,我们现在是在希腊的门前。跟随领袖赫拉克里斯,互相鼓励向前,叫着每个人的名字。通过今天所能说或做的一些勇敢、崇高的事迹,使自己能被那些希望经念他的人对他有所怀念,一定将是非常幸福的。"

他一面乘骑前进,这样说着,同时他开始慢慢地领着部队摆好战阵。在使轻装兵在两翼就位之后,他们便进军向敌人冲击。命令是,他们右肩扛枪,静待号令。然后伏枪准备攻击,稳稳跟上,不许有人跑步。这时传出口令“救主宙斯，领袖赫拉克里斯”。敌人正在据阵以待，认为他们占有地利。当希军来近时，轻兵高声呐喊起来，不待发令便冲向敌人。敌人骑兵和比太尼亚部队一齐前来应战，把轻兵击溃。但当重兵方阵稳当快步上前应战、吹起号角、响起胜利赞歌并高声呐喊、同时伏枪待击时，敌人便不再迎战而溃逃了。提马宋及骑兵予以追击，虽然他们人数不多，但杀伤甚众。面对希军骑兵阵地的敌人左翼一下子就被打散；但右翼因为没有受到强力追击，聚到一座山上。希军一看到他们在那里站住了阵脚，认为最容易而安全的办法是向他们攻击。于是希军响起赞歌立即向他们冲去。敌人当即溃散。轻兵追击，直至右翼被击溃。可是敌人被杀死的不多，因为他们的骑兵那么众多，使人生畏。但当希军看到法尔那巴组斯骑兵队列未散，而比太尼亚骑兵集合前去会合，并从山上俯视下面事态时，他们不顾疲劳，一心想着要对这些部队也尽力进行强攻，以便使他们不能恢复勇气，不能得到休息。于是他们整列出发。这时敌人骑兵逃下山坡，好像被骑兵追逐[①]，因为前面迎着的便是一个峡谷。但希军没有注意到这一点，不到峡谷便转开不追了，因为这时天色已晚。这时他们回到最初交锋的地点，树立了一个战利碑；约莫黄昏时候走上了回到海上的路程。这里距营地所在约有六十司塔迪。

① 被骑兵追赶的人去走崎岖不平的地，在那里骑兵无所施其长。因此，在这种情况下敌人骑兵确是做了一件错事。若是希军继续穷追他们会遭受严重损失。——英译者注

Ⅵ

自此以后，敌人忙于他们自己的事，特别是把他们的奴隶和财产运到尽可能远的地方。同时希军则在等候估计即将到来的克里安德和三排桨战舰等船只。每天他们带着驮兽和奴隶出去无所忌惮地抢劫，运走小麦、大麦、酒、豆、小米和无花果。这一带除橄榄油外有各式各样的好东西。每当军队留在营帐里休息，许可个人出去寻求劫物，这时劫物便归己有。但每当全军出发时，如有个人单独出走，有所得便定为公有财物。这时有了大量的各种东西。四面八方的希腊城市都有产品上市，沿岸过往的人都愿意进来，因为他们听说这里正要建一城市，并有港口。甚至住在附近的敌对人民现在也开始派使者来见色诺芬——因为他们听说是他在要把这地方建为城市——询问他们必须怎样做才能交好。色诺芬总是把这些使者引见给士兵。

这时克里安德带领两只三排桨战舰来到，但一只商船也没有。他到的时候正值军队外出搜寻给养；同时有个别人到山中另一地方去寻求劫物，已经得到许多羊。劫物者怕这些羊归不了自己[①]，便将此事告诉了从特拉佩组斯带着一艘五十桨战船溜走的德克西浦斯，请他为他们保存着这些羊，约好到时留一些羊给他本人，把其余的交还他们。这时德克西浦斯立即把站在一旁并说这些羊为公有财物的士兵赶走，然后他去见克里安德说他们企图抢劫。克

① 按照上述法令。——英译者注

里安德让他把劫盗带上来。他便抓住一人要把他带去见克里安德。但这时阿加西亚正好迎上他们，救了此人，因为此人是他那一连队的。这时旁边的其他士兵便以石投击德克西浦斯，喊他是“叛徒”。这时从战船上来的水手吃了一惊，开始逃奔海上，克里安德也逃走了。但色诺芬和其他将领设法把他们止住叫回来，告诉克里安德说没有事，而是军队的决议引起此事发生的。但是克里安德，一方面是受德克西浦斯的怂恿，一方面是由于自己也受惊生了气，宣称他要开船走开，并发布声明不让任何城市接待他们，因为他们是敌人。这时候拉西第蒙人[①]在全希腊人中称霸。这便使此事对希军不利；他们请求克里安德不要这样做。他回答说，要想不这样做，除非他们把开始投石的人和解救德克西浦斯所捉的人交出来。原来他们要的这位阿加西亚一向是色诺芬的朋友——正是因为这个原因德克西浦斯才毁谤他。

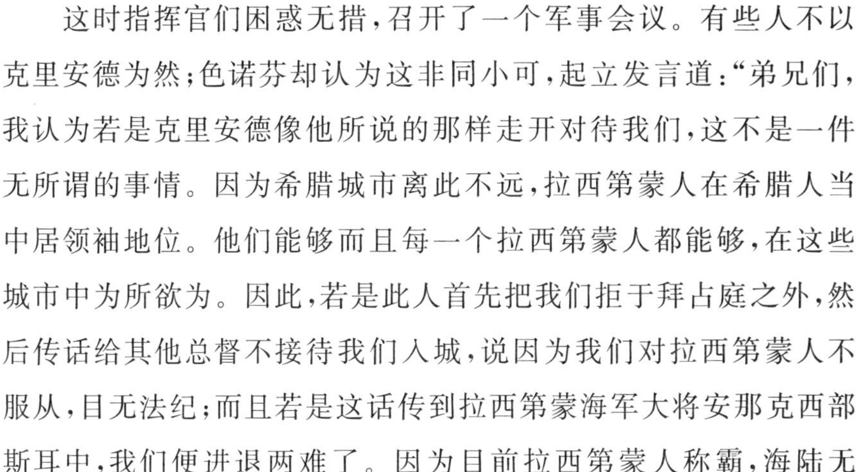

这时指挥官们困惑无措，召开了一个军事会议。有些人不以克里安德为然；色诺芬却认为这非同小可，起立发言道：“弟兄们，我认为若是克里安德像他所说的那样走开对待我们，这不是一件无所谓的事情。因为希腊城市离此不远，拉西第蒙人在希腊人当中居领袖地位。他们能够而且每一个拉西第蒙人都能够，在这些城市中为所欲为。因此，若是此人首先把我们拒于拜占庭之外，然后传话给其他总督不接待我们入城，说因为我们对拉西第蒙人不服从，目无法纪；而且若是这话传到拉西第蒙海军大将安那克西部斯耳中，我们便进退两难了。因为目前拉西第蒙人称霸，海陆无

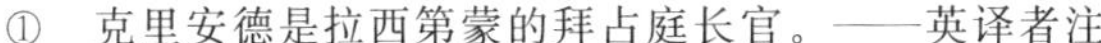

① 克里安德是拉西第蒙的拜占庭长官。——英译者注

敌。现在不能为了一两个人使我们别人都不能回希腊;我们必须听从拉西第蒙人所给的任何命令,因为我们所属的城市也听从他们。因此,就我来说,——我听说德克西浦斯对克里安德讲阿加西亚若不是有我的命令不会那样做——我可以使你们和阿加西亚免受指控,若是阿加西亚本人说我对此事负有责任,我自己判处自己;若是我带头投石或有其他暴力行动,我应受最严厉的惩罚,我将受之无怨。而且我也主张,若是他认为任何其他人应负责任,那个人应当自投克里安德手下受审,因为这样你们便不受指控了。而目前的情况是,如果我们这些期望在希腊受到称赞并享有荣誉的人,反将处于甚至不能与其他希腊人平起平坐的地位,并被拒回城,那将是十分难堪的。”

接着,阿加西亚起立说:“弟兄们,我对诸神发誓,实实在在,色诺芬或你们任何别人都没有指使我去解救那人。当时我看到我们自己连队的一个好人,就是那个,你们都知道,被出卖了你们的德克西浦斯带走,我认为是非常令人气愤的。我解救了他,我承认。现在不用你们把我交出去。我将像色诺芬所提的那样,自投克里安德,以便他可对我审问并随意处理。不要为此事对拉西第蒙人开战,而宁要安全回还,使你们各自到所愿去的地方去。可是,我请求你们各自由自己当中选出些人派他们跟我去见克里安德,以便若是我有所遗漏时他们能替我讲话,并办事。”

于是军队授权让他随意选人带着同去。他选了将官们。阿加西亚便带着将官们和他解救的人前去见克里安德。将官们说:“克里安德,军队打发我们来。他们说,若是你指控他们全体,请你自己调他们来审问,随意处理。若是你指控某一个或几个人,他们就让这几个人投向你来受审。因此,若是你对我们当中任何人有所举控,我们已经在你面前听候处理。如果对任何他人有任何举控,请告诉我们,因为凡是服从我们的人,没有不肯来投到你面前受审的。”这时阿加西亚走上前来,说,“克里安德,我就是那个当德克西浦斯将要带走他时解救了他并且下令打德克西浦斯的人。因为我知道这个士兵是好人,而且我也知道德克西浦斯是军队选派去指挥我们到特拉佩组斯人那里请求而得的那只五十桨战船的。当初约定用它来收集船只安全回国,而这个德克西浦斯却溜之大吉,出卖了那些一同助他得救的士兵。这样,我们便抢夺了特拉佩组斯人的战船,在人家心目中成为流氓。这都是由于这个德克西浦斯。实在说来,在这个家伙的势力之下我们已经连活都活不成了,因为他听说,我们也听说,由陆路,渡过河流,安全回到希腊是不可能的。我就是从这样一个家伙的手中解救了这个人的。若是带他走的是你或你手下的任何人而不是我们的一个逃犯,请相信我是绝对不会这样做的。现在,若是你把我处死,你便是为了一个怯夫、流氓处死一个好人。”

听了此话,克里安德说若是德克西浦斯行为如此,他不会受到袒护。但他认为即使德克西浦斯完全是个坏蛋,也不应暴力对待。“然而”,他继续说:“他应当首先受到审讯,正如现在你们自己请求的这样,然后再接受惩罚。因此,现在,你们走吧,把这里这个人留给我。等我下令时,前来听审。我对军队或任何别人都无可指控,因为此人自己承认他解救了犯人。”这时那个被解救的人说道:“克里安德,请认清我被带走并非是做了坏事,我既没有打人,也没有投石,而只是说这些羊是公共财物。因为士兵们通过了一项决议:

当全军出去时若是有人为自己劫掠了财物，他的所得将成为公共财物。我这么一说，这家伙便抓住我，要把我带走，以便无人能讲话而他可以违反法令为劫掠者保留赃物——而从中得到一份。"听了这话，克里安德说，"好啦，你既然这么说，你留下来，以便我们也审理一下你的案情。"

这时克里安德及其一行去用早饭。色诺芬召集了一个军队会议，建议派一个代表团去见克里安德为这两人说情。他们决定派将官和队长们，斯巴达人德拉孔图斯，以及其他适于此行的人去请求克里安德务必将两人释放。色诺芬来到克里安德面前，说道："克里安德，你要的人已经在你手里，而且全军已经服从于你，让你随意处理这两人和全军。但现在他们恳求你把这两人交还他们，不要处死。因为此二人过去曾为军队出过不少力。若是他们在你手中获恩得释，他们将力图报效。若是你愿意做他们的领袖，诸神保佑，他们将保证不只是守法服令，而且能够，诸神保佑，服从指挥，在敌人面前无所畏惧。他们还进一步请求你，当你来到他们当中并担任指挥时，你要对德克西浦斯和其余的人加以考验，看看这两种人对比如何，然后分别予以应得的对待。"听了这话，克里安德回答说："好啦，两位圣神在上①，我将对你们大家迅予答复。我把这两个人交还给你们，我自己也要和你们在一起。若是诸神赐福，我将带领你们回转希腊。我听人说你们在试图使军队不忠于拉西第蒙人；你们方才所说的这些话跟我所一向听到的关于你们的情况却截然相反。"

① 卡司托和波吕士，拉西第蒙人的特殊护神。——英译者注

事后他们对他表示感谢，便把两人带走离去。克里安德祭神供献以便赶路，和色诺芬友好地联合起来，交谊甚密。克里安德亲身体会到队伍执行命令甚为严明良好，便更为恳切地愿意担任指挥了。但是虽然他继续祭献已经三日，兆头总是不佳。他便召集将官开了个会，说："祭献兆头不利于我领你们上路，但你们不要因此沮丧，因为解救这些士兵的任务好像是要由你们来做。那么，上路吧！当你们到达了行程终点时，我们将尽情盛大接待。"

于是士兵们商议决定把公有的羊只馈送给他，他接受了，但又还给了队伍。他便航海离去。士兵们把所收集的粮食和所获的其他掠物变卖之后，便上路行经比太尼亚地带。但当他们走直路不能找到掠物，以致到达友疆手头没有一些积蓄时，他们便决定掉转头来向相反方向走了一天一夜。于是，他们得到了大量的奴隶和羊只。第六天头上他们到达卡尔西顿尼亚的克里索波利斯。在那儿他们停留了七天，把他们的劫物卖掉。

卷　七

I[①]

后来，法尔那巴组斯怕希军会侵入他的辖境，便派人去见在拜占庭的斯巴达海军司令安那克西部斯，求他把希军由亚细亚洲运过去[②]，许诺为他做任何需要的事情来报答他。于是安那克西部斯召集希军的将官和队长们到拜占庭，答应如果他们过去，士兵们可以得到正规的饷银。其余的军官们回答说他们要考虑一下再来回报；但色诺芬告诉他说他打算马上脱离军队，乘船回家。可是，安那克西部斯让他跟别人一同过去，然后再走。色诺芬便也同意这样做了。

这时色雷斯人赛特斯派米多萨德斯来见色诺芬，请色诺芬帮助他，让希军渡过去，并说如果他帮这个忙会有好处的。色诺芬答道："怎么，军队即将渡过；关于此事，不要赛特斯付出任何东西给我或任何别人。但当军队一过去，我本人要离开的时候，请他跟那

---

① **上卷提要**：以前所述为希军在与居鲁士长征上行途中直至交战所做的一切事情；居鲁士死后，他们向攸克星海行进路上所发生的事情；以及他们从攸克星海继续行进在陆程和海程中的全部活动，直至出了海口到达亚细亚洲的克里索波利斯。

② 博斯普鲁斯海峡。克里索波利斯正对着拜占庭。——英译者注

些继续留下来的并掌权的人打交道，他认为怎么样好就怎么办。”

后来全部士兵渡过去，到了拜占庭。而安那克西部斯不但不给他们发饷，而且宣布这些队伍要带着他们的武器和辎重离开此城，说他要把他们送回家乡并同时点一下人数。这使士兵们恼怒了，因为他们无钱购买路上的给养，便不情愿地打点行装。这时，色诺芬因为已经和总督克里安德交上朋友，前去拜访向他辞行，说他将马上起航回家。克里安德对他说，“不要这样做。若是你这样一做，你将受到谴责，因为甚至现在就有一些人把军队迟迟未能走开归罪于你。”色诺芬答道：“怎么，这不能怪我，而是士兵缺少给养，因而精神沮丧，不能走开。”克里安德说，“可是，我劝你还是好像打算和他们一道同行似地离开此城，等军队出去了之后你再离开他们。”“那么，好吧，”色诺芬说道，“我们将去见安那克西部斯和他商谈此事。”于是他们便去了，把这个问题向他提了出来。他的命令是：色诺芬要照计划行事；队伍要整装火速离开此城；并进一步声称，凡是未到场受检阅、点名的都要对后果自己负责。

军队从此城出发上路了，将官们在前，其余随在后面。这时全军除了少数几个人都已到了城外。埃奥考尼库斯[①]站立在城门旁边，准备好当最后一人出去后，便关闭城门，并上好横栓。这时安那克西部斯把将官、队长们叫到一起，说道：“你们到色雷斯村庄去弄给养，那里有大量的大麦和小麦及其他物资。弄到之后，再到刻

① 一名在伯罗奔尼撒战争故事中相当出风头的拉西第蒙军官；现在好像是安那克西部斯的一名副官。——英译者注

尔索尼斯那里，赛尼司库斯[1]将把你们收编发饷。”有些士兵偶然听到这话，也许是有个队长，把这话传到军队里。这时将官们在询问赛特斯是敌对的还是友好的，以及他们应经过圣山[2]前进还是经过色雷斯中部绕行。当他们正在谈论这些事情时，士兵们拿起武器，全速冲向城门，打算回到城里面去。但当埃奥考尼库斯和他的兵看到这些重甲兵向他们跑来，便把城门关闭并上了栓。可是这些士兵敲击城门不止，说他们受了极端不公的对待，被赶出城来，任敌人摆布。他们声言，若是守城的人不自动打开城门，他们就要攻进去。同时另外一些人跑到海岸，沿着防波堤走去，登上了城墙，进到城里。一些还在城墙里面的人，看到城门那儿出事，用斧把门栓砍断，打开城门，于是其余的人便冲了进去。

色诺芬看到这种情况，很是害怕，怕军队抢劫起来，对此城，对他自己和这些士兵造成无法弥补的损害。他跑上去和这群人一起拥入城门里面。拜占庭人一看见军队强冲进去，便逃离市场，有的奔向自己的船舶，有的奔回家去；而所有正值在室内的人都跑了出来，有的去放下战船在里面避难——全都以为他们败绩，城被攻克。埃奥考尼库斯逃到卫城上去。安那克西部斯跑向海岸乘渔船绕到卫城，并马上从卡尔西顿调来守备，因为卫城兵力似不足以使希军就范。

士兵们一见色诺芬，好多人便向他拥来，说：“色诺芬，现在是

① 和色雷斯人交战的一名拉西第蒙将官。——英译者注

② 在普罗滂提斯北岸。他们的目的地是加里波利半岛，其他可供选择的路线有一条短而艰难的或一条长而易的路线。——英译者注

你一显身手的时机。你有城市，你有三排桨战舰队，你有钱财，你有这么多兵。若是你愿意，你帮我们一个忙，我们使你立业成名。”色诺芬想稳住他们，回答说：“你们的意见诚然很好，我将照你们所说的去做。但你们若是想这样做，请你们赶快放下武器，整好队列。”这时他便亲自传令并让别人接传下去——放好武器，整好队列。士兵自己整队，不一会重甲步兵便排成八列阵形而轻兵则在两翼就位。他们所在的这个地方空旷平坦，叫作色雷斯广场，真是一个极为良好的排列队伍的场所。当他们把武器放下，静了下来，色诺芬就把队伍叫到一起，讲道：“弟兄们，你们气愤，认为你们受到残暴的对待，对此我不怀疑。但是如果我们尽情发怒，向这里的拉西第蒙人发泄对欺骗的报复，洗劫这个并无过错的城市，请你们考虑一下将要产生的后果。我们将被宣布为与拉西第蒙人及其盟属开战。这将成为一场什么样的战争，我们至少可以从我们所已见到的和回想到的最近发生的事件推测出来。不要忘记，我们雅典人对拉西第蒙人及其盟属交了战。我们有不下三百条三排桨战船，有的在海上，有的在船场；我们也有大量财宝在掌握之中，且有内部积累或从国外属地献进的金钱岁入不下千他连特。我们辖管诸岛，我们在亚细亚洲拥有许多城市；在欧罗巴洲拥有好多城市，其中就有我们现在的这个拜占庭——但我们却战败了。这你们全都记得。那么，现在你我能期待有什么样的命运呢？拉西第蒙人仍有旧日盟属；雅典和所有他那时的盟属也都归属了他们；蒂萨弗尼斯及所有沿岸的异邦人都是和我们敌对的，尤其是处于内地、我们前来讨伐并可能时便杀掉的国王本人，更为敌对。所有这些联合起来反对我们，谁会那样昏庸认为我们可以取胜呢？以诸神的名

义，让我们不要发疯，也不要让我们屈辱地灭亡，而成为我们母国和亲友的敌人。因为他们所在的城市都将作战反对我们，而且是理所当然地反对我们，若是我们，虽然胜利却不曾夺取任何异邦人的城市，而对我们所到的第一个希腊城市却夺取而劫掠。因此，我宁愿入地万尋也不要活着看你们干出这种事。我劝你们身为希腊人要努力通过服从希腊人的领导获得你们的正当权利。如果你们不能这样做，无论如何我们即使受错待也不要被弄得不能回转希腊。现在，我的意见是应该派使者去见安那克西部斯，向他说：'我们进入城里不是想暴动，而是要求你对我们，如可能时，做些好事。如果不可能，至少是表示我们的走不是由于受骗，而是由于我们服从。'"

这个做法决定下来，他们派伊利斯人希罗尼穆斯、阿卡狄人攸利洛库斯和阿加亚人斐利修斯去传达此意。他们便前往执行这一任务。

当士兵仍在开会时，底比斯人科拉塔达斯进来了。他是一个时常来往于各地的人，不是被从希腊流放，而是因为他总是想当一名将官。他向任何可能需要一个将官的城市或人民表示愿意效劳。这时他来到军队所在，说他愿领他们去色雷斯那个被称为三角洲的地方[①]。在那里他们能够得到许多好东西。在到达那儿之前，他说他能够给他们提供大量的饮食。士兵们听到这个建议的同时也得到了安那克西部斯的回话。他的回答是：若是他们服从，他们不会吃亏。但他要将此事向其国内政府报告，并亲自为他们

① 大概是在攸克星海、博斯普鲁斯海峡和普罗滂提斯之间的三角形半岛。——英译者注

打些好主意。于是他们接受科拉塔达斯为将官，并退出城外。科拉塔达斯和他们协议次日带来祭献牺牲和一名预卜官参加军队，并为队伍带来食物和饮料。这时，他们一出了城，安那克西部斯便关上了城门，并宣布在城内发现任何士兵将被卖为奴。第二天科拉塔达斯带着祭献牺牲和预卜官到达；跟随着有二十人载有大麦粉，另有二十人运来美酒，三人运来橄榄，一人携有满载的大蒜，一人携来葱头。把这些东西放下之后，好像准备分配，他便开始祭献牺牲。

这时色诺芬派人去找克里安德，请他做出安排，以便进入城内，从而由拜占庭航海回家。当克里安德回来时，他说好不容易才把此事安排好，因为安那克西部斯说士兵们就在城墙附近时，色诺芬进到城里不好，而且拜占庭人有派别，彼此不和。"可是，"克里安德接下去说，"他让你进去，若是你打算跟他一同起航走开。"于是色诺芬便辞别了士兵，跟克里安德回到城里。且说科拉塔达斯，第一天祭献牺牲没有得到佳兆，他也没有给队伍提供什么膳食。次日，牺牲已摆在祭坛旁边，科拉塔达斯戴上花冠准备祭献时，达达尼亚人提马宋、阿西那人涅昂和奥尔科美努斯人克里安诺走上前来告诉他不要祭献了，因为若是不提供给养，他不能做军队的领袖。于是他下令发放食品。但当发现他的食品远远不足以供应每个士兵一日的口粮时，他便带着他的牺牲跑掉了，放弃了将职。

Ⅱ

这时留下来领导军队的有阿西那人涅昂、阿加亚人弗里尼库斯、阿加亚人斐利修斯、阿加亚人赞提克里斯和达达尼亚人提马宋。他们去到一些离拜占庭不远的色雷斯村庄，在那里扎下营来。这时将官们意见不合：克里安诺和弗里尼库斯想领军队去赛特斯处，因为他一直在劝他们这样做，并且给了他们中的一人一匹马，另一个人一名女人。涅昂要去刻尔索尼斯，心想若是队伍落入拉西第蒙人控制之下他将成为全军之长[①]。提马宋急于要跨回到亚细亚，因为他想这样他能回转家乡。在队伍方面，他们也想要回家。可是随着时光的延宕，很多士兵或是在这一地带来往中各自设法变卖了武器扬帆回家，或是和邻近的希腊城市的人们混合留居了。安那克西部斯听说这支军队在解体，很高兴，因为他认为这种情况若是继续下去法尔那巴组斯会很开心。

安那克西部斯在从拜占庭回家的航程上，在赛济库斯会到拜占庭总督克里安德的继任阿里司塔卡斯。据说他自己的继任海军提督波卢斯这时即将到达赫勒斯湾。这时安那克西部斯委托阿里司塔卡斯将遗落在拜占庭的居鲁士军的士兵全部变卖为奴。克里安德却一个也没有卖，而且甚至还怜恤照顾其病残，并命拜占庭人将他们收容房内。阿里司塔卡斯一到便卖了不下四百人。当安那克西部斯已沿海路航到帕柔姆时，他按照协定条款派人到法尔那巴组斯处。可是法尔那巴组斯一听说阿里司塔卡斯已经来到拜占庭做总督，而安那克西部斯不再是海军提督，便不甚理睬安那克西部斯，而跟阿里斯塔卡斯去商议处理居鲁士军队的办法。

这时安那克西部斯召唤色诺芬[②]，促其想方设法尽快航来和

① 因为他是将官中唯一的拉西第蒙人。——英译者注

② 他显然是在同他一起航行。——英译者注

军队会合，不但要保持住军队不散，而且也要把尽多的已经离开主队散落的人们征集起来，领全军沿岸到佩林图斯[1]之后，火速跨进亚细亚。他并给他一只三十桨战船和一封信，并派了一个人随他前去命令佩林图斯人对色诺芬提供马匹，促其尽速上路来找军队。于是色诺芬航海跨到佩林图斯，然后上路来到军队所在。士兵们欢乐地接待了他，并立即高兴地接受他的领导，打算从色雷斯穿过去到亚细亚。

这时赛特斯听说色诺芬到达，便又派米多萨德斯从海路前来见他，请他把军队带到他处，并做出各式各样的许诺，想说服他那样做。色诺芬回答说这种事情是不可能的。米多萨德斯得到答复便离去回报。希军到了佩林图斯时，涅昂带着约八百人分离开另立了营帐。其余军队则集合在佩林图斯墙旁原地。

这时色诺芬前去交涉船只，以便能尽快渡过去。但此时在拜占庭的总督阿里司塔卡斯带着两艘三排桨战船到达。他是被法尔那巴组斯说服这样做的，不只禁止船长运军队过去，而且来到营地，让士兵不要去亚细亚。色诺芬回答说，“安那克西部斯命令这样做，派我来这里就是为了这个目的。”阿里司塔卡斯驳斥说，“你要知道，安那克西部斯已不再是海军提督，而我是这儿的总督。若是我在海上捉到你们任何人我就把他淹死。”说罢他便离去进入佩林图斯城。次日他派人把将官和队长们叫去。当他们已接近城墙时，有人传话给色诺芬，说如果他进去他将被抓起来，那么他便会当即遭遇不幸或是被移交给法尔那巴组斯。听到此话他便打发其

① 普罗滂提斯的欧洲海岸上。——英译者注

余的人先走，对他们说他想自己祭献一下。于是他回去祭献，求问是否诸神许可他设法带军队去赛特斯处。因为他看到想阻止他们过去的人拥有战船，他们试图过去到亚细亚是不安全的。另一方面，他不愿意让军队去到刻尔索尼斯，被困在这个地方，什么都严重缺乏，必须服从当地总督，而军队也得不到任何给养。

当色诺芬正在进行祭献时，去见阿里司塔卡斯的将官和队长们回来了，说阿里司塔卡斯让他们暂先回来，下午再去。这样一来对色诺芬的诡谋就更为明显了。因为祭献牺牲兆头是吉祥的，预示他和他的军队可以安全地前往赛特斯处，所以他便带领雅典队长波利克拉底和除了涅昂以外的每个将官那里选一名大家都信得过的人，夜间出发去会在六十司塔迪之遥的赛特斯军队。当他们来近时，碰上了守望更火，周围并无一人。起初他以为赛特斯已经转移营地到别处。但是他听到一片吼叫声和赛特斯部下彼此打招呼声，他便明白了道理。赛特斯把更火点燃在岗哨前面是想使人看不见岗哨。因为他们在暗处，无人能知他们有多少人和在什么位置；而另一方面，来近的人逃不过视线，在火光中看得清楚。

当他见到哨兵时，便派正好在那儿的翻译上前，让他们通知赛特斯说色诺芬来了，想和他会见。他们问他是否军队中的雅典人。色诺芬答说是的，他们便跳起来赶快去禀告。稍过了一会儿，约两百名轻装兵出现，把色诺芬一行带领去见赛特斯。赛特斯住在一个碉楼里，守卫森严；碉楼周围有备好的马匹。由于害怕，他的马白天喂足，夜里备好用来防卫。传说过去一个名叫提利斯的赛特斯祖先拥有大军驻在这一地带，在这附近一带人民手中他损失了许多人马和辎重。他们是蒂尼亚人，据说极为骠勇好战，特别是在

夜间。

当希军来近时，赛特斯让色诺芬进去，并随便挑选两人一同前往。到了里面之后，他们首先彼此问候，并按照色雷斯惯例举角杯祝酒。赛特斯也让米多萨德斯在座，也就是那个到处为他做使者的人。这时色诺芬开始讲话："赛特斯，你派这位米多萨德斯初次在卡尔西顿找我，让我想方设法替你把这支军队从亚细亚带来，答应事成之后你将对我优渥相待——像这位米多萨德斯所说，"说着他便问米多萨德斯是否是这么一回事。米多萨德斯答说不错。"这位米多萨德斯在我从帕柔姆过来又参加了军队之后又来找我，答应如果我把军队给你带来，你将不但待我完全如同朋友和兄弟，而且特别是要把你所拥有的海岸一些地方给我。"于是他又问米多萨德斯是否所说属实。他又答说不错。色诺芬接着说，"来，现在请你告诉赛特斯我第一次在刻尔西顿是怎样答复你的。""你答复说，军队正要渡到拜占庭，在这一点上没有需要给你或任何别人什么东西。你还说你们过来之后你本人将脱离军队。事情结果果如所言。"色诺芬又问，"那么，你到栖卢勃里亚附近见我的时候我又是怎么说的呢？""你说此计划不可能，但你要去佩林图斯，并打算从那里跨入亚细亚。""那么，好啦，"色诺芬说，"此刻我本人在此，还有这位将官弗里尼库斯和那边一位队长波利克拉底。外面还有除了拉孔尼亚人涅昂以外的各位将官的代表，都是各位将官最信得过的人。所以，若是你愿意把这事搞得更扎实，可以把他们也叫进来。波利克拉底，去，告诉他们说，我让他们放下武器，你自己也把你的战刀留在外面然后再回来。"

听到此话，赛特斯说他不应对一位雅典人不信任。他说因为

他知道雅典人是他的亲人[①]，相信他们是忠实的朋友。然后，当这些出场的人回来之后，色诺芬开始问赛特斯他将使用这支军队做什么。于是赛特斯便说道："迈萨德斯是我父亲，在他统治下有麦兰狄特人、蒂尼亚人和特兰尼波人。当奥德里西人情况不佳时，我父亲被逐出国外，后来病死了。而我这个儿子，是在现在的米多库斯王朝国王作为一个孤儿养大的。可是当我长大成年时，我不能忍受这种仰仗别人生活的状况，便坐到米多库斯同一张座位上恳求他给我尽多的人马，以便能伤害把我们赶出来的人，并得以不依赖他的供养过活。于是他给了我人马，这些人马天一亮时你们自己将看到。现在我和他们在一起，劫掠我自己的祖先的土地生活。但如你们和我携手，我想有诸神佑助我能轻而易举地恢复故邦统治。我所需要的就是这个。"

色诺芬说道，"那么，若是我们来了，你对广大士兵、队长和将官们给些什么呢？请对我们说明，以便这些人带话回去。"赛特斯许诺给每一士兵发饷一个赛济库斯金币[②]，队长倍之，将官则为其四倍；另外还给予其所想要的大量土地、套牛和海岸上的堡垒。色诺芬说，"但若由于拉西第蒙人的威胁我们要这样做[③]而不能成功的话，你将接收任何想离开军队而投奔你的人吗？"对此他答道："岂止接收，我将把你们视如兄弟，同桌共席，完全共享我们所能获得的一切。色诺芬，我还要把我的女儿给你；而且若是你有个女

① 传说是通过色雷斯人提鲁斯和雅典王潘狄安之女普罗艾尼的婚姻。——英译者注

② 即每月。——英译者注

③ 去说服队伍为赛特斯服役。——英译者注

儿，我将照色雷斯习俗把她买下。我还要把我在海岸上拥有的最美好的地方比三特给你居住。”

Ⅲ

听了这话，互立保证之后，他们便乘马离去。黎明前他们到达营帐，各自向其所奉委的队伍汇报。当天亮时阿里司塔卡斯又召集将官，但他们不予理睬。他们召开了一个军队会议；所有的队伍，除驻扎在约十司塔迪开外的涅昂的人之外，都集合起来。集合之后色诺芬起立发言如下：“弟兄们，阿里司塔卡斯以其战船阻止我们航海过去到我们想要去的地方，因此我们乘船是不安全的。但是这个阿里司塔卡斯却让我们通过圣山强行军去刻尔索尼斯。若是我们征服了此山而到达刻尔索尼斯，他说他不再像上次在拜占庭那样出卖你们了。你们将不会再受骗，将得到饷银。他也不会像现在这样不顾你们的给养匮乏了。这些就是阿里司塔卡斯所讲的。但是赛特斯说，若是你们去投奔他，他将优待你们。因此，现在你们要打定主意，是现在马上考虑这个问题，还是先去搞些给养然后再说。我个人意见是，因为在这儿我们既无金钱去买，也不准许去白拿任何东西，我们应当出发去到许可我们去拿的村庄，因为那里的居民比我们弱。到了那里，有了给养，我们听一听要我们做的役务，来选择我们认为最好的行动方针。”他说，“凡是赞成这个意见的请举手。”大家都举了手。色诺芬接下去说，“那么去，打点行装，命令一下便跟随先头部队前进。”

这时色诺芬头前带路，部队随行。真的，涅昂和阿里司塔卡斯

派来使者想说服他们回转来，但是他们不为所动。当他们已经前进了三十司塔迪之远时，赛特斯会上了他们。色诺芬看到了他，便让他骑近部队，以便使尽多的人听到他们已经决定的良策。当他来近时，色诺芬说："我们正在去一个军队能获得食物的地方。在那儿我们将听取你和那个拉孔尼亚人[①]的使者的提议，然后做出认为最好的选择。那么，若是你指引我们去到一个有极丰富的给养的地方，我们将认为你是盛情接待。"赛特斯答道："好啦，我熟悉好多村庄，彼此相连，藏有各种给养。离我们不算太远，走到那儿正好从容地用早饭。"色诺芬说，"那么，带我们去吧。"当他们到了那些村庄之后，下午，士兵们集合起来，赛特斯讲话如下："弟兄们，我请你们随我从戎。我许诺发给士兵们每月薪饷一个赛济库斯金币，队长和将官们按例照发。此外，我将对有功者另予嘉奖。至于饮食，你们将和今天一样，由当地取获。但凡有所劫获，我打算自己留下，以便能卖出提供你们的薪饷。凡是逃匿的我们自己可以追寻；若是有人抵拒，我们可以由你们帮助制服他。"色诺芬问道，"你打算让军队跟你走到离海岸多么远呢?"他回答说，"最远的地方不过七天路程，有些地方还不到。"

说完之后，让每一个想发言的人有机会讲话。很多人讲话都是同一个意思：赛特斯的建议极为可贵。因为时值隆冬，想航海回家是不可能的。也不可能在友好地带维持，若是必须靠花钱购买给养的话。另一方面，要是在敌对地区待下去，跟赛特斯在一起比自己单独维持是较安全些的办法。而在这些重大好处之外还要发

① 阿里司塔卡斯。——英译者注

饷那更是运气了。然后色诺芬说道:“若有人有相反的意见,请发言;否则我将把这个问题交付表决了。”没有人反对,便表决,计划定了下来。于是他立即告知赛特斯他们要跟他从役。

事后队伍按连队分别扎下营来。将官和队长们被赛特斯邀请到他的驻地附近一个村庄赴宴。当他们来到他的门口正待进去赴宴时,看到那儿站着一个人,他是马龙依①族人赫拉克里德。这个人来到每一位他认为能够对赛特斯有所馈赠的客人跟前。他首先来到一些前来和奥德里西国王米多库斯交好②并为他们夫妇带来礼物的帕柔姆人跟前,说:“米多库斯在内地离海有十二天的路程,而赛特斯现在有了这支军队要称霸沿海。因此,他是你们的邻居,对你们的好坏最有影响。所以,若是你们明智,便把所带的东西送给他。这样总对你们比送给居住遥远的米多库斯好。”他就是这样试图说服这些人。接着他来到达达尼亚人提马宋跟前,——因为他听说他有些波斯酒杯和地毯,——说照惯例凡是赛特斯请客吃饭,受请的人总要有所馈送。他接着说,“一朝这位赛特斯在这一带成为大人物,他能使你回归故邦③,或是在这里发财致富。”他就是这个样子走到一个接一个人的跟前做出促请的。他也来到色诺芬跟前,对他说,“你是一位大邦的公民,赛特斯对你非常慕名。或许你能在他的领土上获得城堡和领土,如同贵国别人一样④。因此,你应当极为大方地对赛特斯表示崇敬才好。我这样劝你是由

① 色雷斯——希腊城。——英译者注
② 经由赛特斯的斡旋。——英译者注
③ 提马宋是一名流放者。——英译者注
④ 特别是阿尔西比底斯。——英译者注

于对你友善之情，因为肯定是你送此人礼物越重，将来你从他手里得的好处越大。”色诺芬听了这话大吃一惊，因为他从帕柔姆过来什么也没有带，只有一个侍僮和旅途用的花费钱。

当他们加入进餐时——在那里有最高贵的色雷斯人，希军的将官和队长以及在该地的外来使节们——开席时客人坐成一圈，给大家搬来三脚桌，满摆着切成碎块的肉食，还有大的发酵面包和肉串。一般桌子总是摆在生客对面，因为色雷斯人有一种习惯赛特斯要带头奉行，——他要拿起在他旁边的面包，掰成小块，扔给他所想给的随便什么人；肉也是这样给法，只留下一点自己尝一尝而已。然后面前摆着桌子的其他人也照这样做。但是有一位名叫阿里司塔斯的阿卡狄人是一个大肚汉；他不向别人投食而是手里拿起一个三夸脱大的面包，把些肉块放在膝上，大吃起来。他们以角杯上酒，全都饮下；但当上酒人来给他上这杯酒时，阿里司塔斯看见色诺芬已经吃完饭，说，“把酒给他吧，因为他已经闲下来，而我还没吃完。”赛特斯听到他的语声，问递酒人他在说什么。这个递酒人懂希腊语，便向他说明。于是大笑起来。

当饮酒正酣时，有一个色雷斯人带着一匹白马进来，满满地饮了一角杯，说，“赛特斯，我祝你健康长寿，并献上此马。骑上它，追击时可以捉住任何你要捉的人，撤退时可以无惧敌人。”另有一人带进一名侍僮，也向前个人一样祝酒奉献给他，而另一人则进献衣装给他的夫人。提马宋也向他祝酒献了一只银碗和价值十迈那的一张地毯。这时一名叫格涅西浦斯的雅典人起立说，这是一种古老而极为优良的习俗：有财物者赠与国王以为敬，无所有者则受赠于国王。他接着说，“这样，我也能对你有所馈赠并表敬意。”且说

色诺芬这时不知如何做才好。作为贵客，他正坐在离赛特斯最近的凳子上。赫拉克里德让递酒人向他献上杯酒。色诺芬这时已经喝了一些，接过杯来，饮后勇武地说道："赛特斯，我把我自己和这些我的伙伴们献给你作为你的忠诚朋友。这些伙伴们也都完全是自愿献身的，而且甚至比我更愿做你的朋友。现在他们就在此地，并无他求，而是献身受命于你，愿为你赴汤蹈火。有了他们，诸神保佑，你将获得广大疆土，恢复一切祖权所有而且更有增益。你将获得骏马成群，众多男僮和美女；这些你都无需劫掠而得，我的这些伙伴们将自动献赠与你。"这时赛特斯站起来同色诺芬一起干了杯，并一同将余滴向客人洒布[①]。然后乐师们进来，吹着发布信号所用的那样号角，用生牛皮制的大喇叭不但奏着有节奏的乐音，而且是像竖琴的乐曲。赛特斯本人也起来，呐喊一声，敏捷地跃向一旁，好像在闪避弹箭的袭来。这时进来的也有一队滑稽小丑。

太阳将落时，希军起来，说该是派放岗哨的时候了，并发出口令。他们还促请赛特斯下令色雷斯人一律不准夜间进入希军营帐，"因为，"他们说，"我们的敌人是色雷斯人，我们的友人也是你们[②]。"当希腊客人要走时，赛特斯跟着也起来，一点都不像醉酒的人。出来之后，他把将官们叫到一边单独说道："诸位，我们的敌人还不知道我们的联合。所以，若是我们乘其尚无准备或提防被掳时，定能大有俘获。"将官们一致同意此计，便让他带领前往。他说

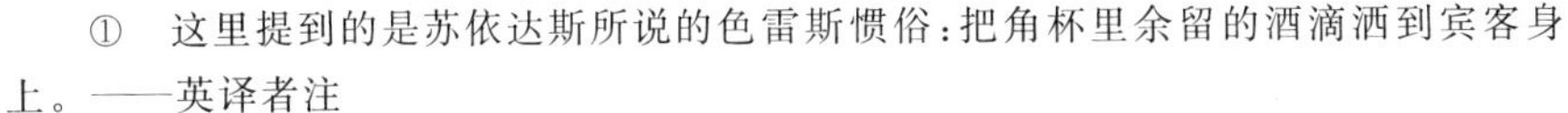

① 这里提到的是苏依达斯所说的色雷斯惯俗：把角杯里余留的酒滴洒到宾客身上。——英译者注

② 即也是色雷斯人；换言之，希人认不出一个色雷斯个人是友还是敌。——英译者注

道："你们准备好，等待着。时候一到我将来和你们会合，带领我的轻装步兵和你们，以我的骑兵引路。"色诺芬说："啊，现在请考虑这一点：如果我们夜行军，按我们希腊的做法是否更好些。你看，白天行军，我们每次都是根据地势让最适宜的那种部队先行，重甲、轻兵或骑队。但在夜间希军做法是让最慢的兵力在前，因为这样军队各部间最不易分散，士兵也最不易彼此散失而不觉。散失开的部队往往彼此遭遇，盲目互致伤害。"赛特斯答说："你说得对，我采纳你的办法。我将由老兵当中给你选供向导[①]，他们最熟悉这一地带。我带骑兵殿后，因为若需要时我能迅即到达前方。"于是，由于他们的亲缘，他们传出"雅典娜"为口令。议妥之后，他们便去休息。

约在午夜时分，赛特斯来到，带领着披戴胸甲的骑兵和武装齐备的轻兵。他把向导交给希军，重甲步兵便在前先行，轻兵后继，骑队殿后。天亮后，赛特斯驰骑来到前面，对这套希军做法表示赞赏。因为，他说，好多次夜行军，哪怕是他自己带领不多的兵力，他自己连同他的骑兵也弄得和步队散失开来。"但现在，"他接着说，"天亮时我们都正如理所应当地一无散失。请你们就地等候，休息一下，我去看一遍就回来。"说罢他便沿着山坡顺一条路驰去。当他来到了一处积有深雪的地方，他四下视察一番，看看是否有上行或下行的人行足迹。看到此路并无人行足迹，他便很快回转来，说："各位，一切没有问题，老天保佑，因为我们可以在他们毫无所

① 因为希军重甲步兵是"最迟慢的武力"，他们在前开路，所以需要这些向导。——英译者注

知的情况下对他们突然袭击。现在我将带领骑队在前领行，以便若是见到有人，不会让他漏掉去报知敌人。请你们在我后面跟上；若是落在后头，按马迹跟上。一过了山我们便将来到许多繁荣的村庄了。”

中午时分他已经上到高地，俯见下面村庄，他便驰奔重甲步兵处，说，“现在，我要让骑兵急驰冲下平原，派轻兵攻打村庄。请你们尽可能快快跟上，以便若遇抵抗时你们可以对付。”听了这话，色诺芬下了马。赛特斯问，“你为什么下马，是需要急吗？”色诺芬答道，“我知道，你所需要的不是我一个人。若是我也步行，引带重甲兵将会跑得更快些，更振奋些。”于是赛特斯走开，提马宋跟随在前带领约四十希军骑兵。这时色诺芬发令，三十岁以下的灵活士兵要从各自连队中走出到前面去。他自己和这些兵一起跑步前进。其余的人由克里安诺带领。当他们到了这些村庄之后，赛特斯带着约三十骑兵来到他面前，说道，“色诺芬，正如你所说的那样[①]。这些家伙被捉住了；但不幸我的骑兵奔去时无助，在追击中散开了。我怕敌人会在某处集合到一起加害于我。另一方面，我们有些人也必须留在村里看管，因为里面人很多。”色诺芬回答说道，“好啦，我自己带着我的队伍将攻占这高地；请你令克里安诺把他的队伍伸向平原把住这些村庄。”这样做了之后，收集到了俘虏千名，大牲畜两千头，另有小牲畜一万。然后他们就地露营扎下。

① 赛特斯带领他的最快速的兵力（他的骑兵），又走到前面了，现在意识到有得不到步兵支持的危险。——英译者注

Ⅳ

第二天，赛特斯把这些村庄完全烧光，一房不留，以便使其余敌人也望而生畏：若不对他降伏会遭到同样命运。然后他又转回来。这时他派赫拉克里德到佩林图斯去卖掉劫获之物，以便得钱支付士兵军饷。赛特斯本人和希军则在蒂尼亚平原扎下营来，当地居民已经弃家逃往山里去了。平原上积雪甚厚，天气严寒，以至打来吃饭用的水和罐中的酒冻结；好多希军的鼻、耳冻坏了。这时便明白为什么色雷斯人戴狐皮帽遮盖头部和耳朵，穿袍衫不只护胸而且围及腰腿，为什么骑马时他们穿着外袍长及足部而不是披一般斗篷。这时赛特斯让一些俘虏走开到山地去，传话说，若是蒂尼亚人不下山到平原来住并服从于他，他将把村庄和他们的粮食烧毁，使他们饿死。于是妇女们、孩童们和上了年岁的人真的下来了。但年轻的人们则在山下村庄里露营扎下。听到这事，赛特斯便令色诺芬带领最年轻的重甲步兵跟随他。他们夜间起身，破晓时到达这些村庄。大部分村民都逃走了，因为离山很近。但赛特斯把他所俘获的人都毫不留情地杀掉了。

有一个名叫埃皮忒尼斯的奥林修斯人非常喜爱侍童。他看见有一个手持轻盾风华正茂的漂亮童子正要被处死时，便跑向色诺芬，求他解救这一美童。于是色诺芬便去见赛特斯，请他免此童一死，并告知埃皮忒尼斯的心曲。他曾募集过一营人，专着眼于选貌美俊秀的人；他统带此营甚是骠勇。赛特斯便对埃皮忒尼斯问道："难道你宁愿为了这个美童的缘故而身亡吗？"这时埃皮忒尼斯伸

出他的脖颈,说道,“请杀,只要是此童愿让你杀,并对我感激。”赛特斯问此童是否可杀埃皮忒尼斯以代之。此童不肯,并求让他两人皆免杀。于是埃皮忒尼斯拥抱此童,并说,“那么,赛特斯,你定须跟我力争此童,我舍不得他。”赛特斯笑了起来,便放过了此事。可是他决定就地建起营盘,也防止山上的人由村庄得到粮食[①]。于是他本人便寂然走下山来在平原上扎营,而色诺芬则带精选的队伍驻扎在山顶下最上面的村庄,其余希军则在附近被称为“山民”色雷斯人中间驻扎下来。

过了不多日子,山上的色雷斯人下来跟赛特斯进行谈判休战和人质的事。色诺芬前来告诉赛特斯,说他的士兵居住条件很差而敌人近在身边。他说他宁要露营驻扎在一个险要地点上,也不愿住在房屋里冒被毁灭的危险。但是赛特斯让他不要怕,并让他看了敌人交的人质。同时有些山上的人下来确曾请求色诺芬本人帮助达成休战协议。他同意这样做,告诉他们不要害怕,并说若是服从赛特斯他们不会受到伤害。但事实证明他们这样说只是为了来侦察情况。

这些事是白天发生的。但在当天夜里蒂尼亚人便从山里出来进行了一次攻击。每所房子的主人做向导引至房舍。否则在黑夜之中难以找到这些村庄里的房舍,因为每一房舍周围都有圈栏牲畜的尖桩木栅。当他们到达一所房舍门口时,有的人向内投枪,一些人据说则以所携木棒敲掉敌方的枪头;另一些人则纵火烧房,同时指名骂姓地让色诺芬出来受死,扬言否则将立即焚毙。这时火

① 平原上村庄的供应已被切断。——英译者注

光已经冒出房顶。房里面色诺芬和他的兵装备好胸甲、盾牌、战刀和盔头。这时,有一个约莫十八岁光景的小伙子马西司提人西拉努斯响起号角,他们立刻抽刀腾跃而出;其他房舍的希军也同样行事。色雷斯人奔逃时,依照他们的习俗在身后摇晃着他们的盾牌。有些人想跳过栅栏,盾牌挂在桩上便被悬空捉住。另一些人找不到出去的路了,便被杀死。希军继续追击,直到把他们赶出村去。可是这些蒂尼亚人有些黑夜中又回转来,对正在跑过燃烧着的房舍的人由暗中向火光投掷标枪,击伤了一名队长埃庇塔里人希罗尼穆斯和另一名队长罗克利斯人条戈涅斯。但是并无一人死亡,只是有些人的衣服、行装焚毁了。这时赛特斯带领他的前队七骑及其色雷斯号手前来援救。自从他得知此事那一刻起,在赶来救援的一路上,每时每刻他的号角总在不停地响,结果这也促使敌人发惊。当他到达时,他握着他们的手,说他还以为他们好多人已被杀死了呢。

事后,色诺芬请赛特斯把人质交给他,并和他一同去山中讨伐,若是他愿意的话,否则便让他自己独去。因此,次日赛特斯便把人质移交过来——都是些年事已长、据说是山地人中势力最大的人——并自带其队伍前来。这时赛特斯已拥有不亚三倍于从前的兵力,因为奥德里西人听说赛特斯很是兴旺,便从高地下来为他服役。当蒂尼亚人从他们山中看到浩浩荡荡的重甲步兵、轻装兵和骑兵队伍,他们便下来请求休战,声言将答应任何条件,还促请他接受保证。于是赛特斯召色诺芬来,告诉他这些人提出的建议,并说,若是色诺芬要惩罚他们的攻击,他将不准休战。色诺芬说道:“唔,实际上我倒认为这些人最好是做奴隶而不能做自由民。”

可是，他又劝说赛特斯将来接受人质时要那些为害性最大的人，而把老弱留在家里。这样，这一地带的人便降服了。

V

现在他们越过去到拜占庭上面的、色雷斯人称为三角洲的地带。此地在迈萨德斯治区的那一边，是奥德里西人提尔克斯的土地。这里赫拉克里德晋见，带着出售劫物的所得。赛特斯牵出三对骡马——因为只有三对——和另外几套牛，唤色诺芬，叫他自己收下。然后把其余的分配给将官和队长们。色诺芬答道，"噢，我本人倒是想以后再要东西，还是给这些跟随我的将官和队长们吧。"于是给了达达尼亚人提马宋一套骡马，一套给了奥尔科美努斯人克里安诺，另一套给了阿加亚人弗里尼库斯，而这许多套牛则分配给队长们。赛特斯也给队伍发了饷，但仅仅发了上个月内二十天的饷；因为赫拉克里德说他出售掠物所得只有这么多。色诺芬一听生了气，便对他厉声骂道："赫拉克里德，我认为你对赛特斯的事业关心不够，因为若是关心，即使你没有别的办法，被迫告贷或卖掉你自己的衣服，也会带来我们全数的薪饷。"

这使得赫拉克里德不但恼怒而且害怕起来，怕因此失掉赛特斯的宠信。从那日起他便在赛特斯面前极力中伤毁谤色诺芬。至于士兵们没有得到薪饷则埋怨色诺芬。另一方面，赛特斯也对他生了气，因为他坚持要求发士兵的薪饷。以往他曾不断地提及当他回到海岸之后他将给色诺芬比三特和伽诺斯及涅昂提科斯，而从那以后他对此三地一个也不再提起。因为赫拉克里德还连带提

出这一中伤建议:把要塞城池交出去给一个拥有兵力的人是不安全的。

于是色诺芬便开始考虑最好是怎样继续再深入内陆的行程。另一方面,赫拉克里德则带领其余将官进见赛特斯,让他们说他们能够领导军队,一点不比色诺芬差;同时他还许诺他们几天之内将会得到两个月的全数薪饷并促请他们跟赛特斯继续这一战役。提马宋说:“哼,在我看来,没有色诺芬反正我不参加战役,哪怕发饷五个月也好。”弗里尼库斯和克里安诺也和提马宋意见一致。于是赛特斯便辱骂赫拉克里德,责怪他没有把色诺芬也请进来。结果他们把色诺芬单独请来。色诺芬看透了赫拉克里德的流氓手段,其目的是使其他将官猜忌他,色诺芬来时便带来所有将官和队长。当他们全都协议好了之后,便继续跟赛特斯进军,沿着本都斯左边行经被称为“粟食色雷斯人”地带到达萨尔木德苏斯。这里有很多驶往本都斯的船只在陆上搁浅被毁,因为那里有浅滩伸延很广。住在这一带岸边的色雷斯人都树有界石,每一个部落都对自己界内遇难船只进行劫掠。据说在树立界石之前的昔日,他们在劫掠过程中往往彼此互相残杀起来。这里发现很多的卧床、箱盒,大量的书稿和船主在木箱中所带的其他物品。在征服了附近这一地带之后,他们走上了自己的归程。这时赛特斯拥有了一支比希军还大的军队,因为越来越多的奥德里西人从内地下来,而那些随时被降伏的人也会参加这场战役。他们在距离海岸约三十司塔迪的栖卢勃里亚上方平原扎下营来。至于军饷,还一点没有见到。不只士兵们对色诺芬心怀不满,赛特斯也不再对他有好感。每当色诺芬前来要和他会商便总是发现他事务繁忙没有时间。

Ⅵ

将近两个月过去了。这时拉孔尼亚人卡尔米努斯和波利尼库斯奉了提布戎使命前来：他们说拉西第蒙人已经决定对蒂萨弗尼斯进行讨伐。提布戎已经起航去作战，他需要这支军队。他说饷银是每人每月一个达利克，队长倍之，将官四倍。

当这些拉西第蒙人到达时，赫拉克里德立即得知他们是前来要这支军队，便对赛特斯说有了一件极大的幸事："拉西第蒙人需要这支军队而你已经不再需要了。把这支军队给他们，你将是帮了他们的忙；在你这方面，队伍将不会继续向你索要军饷而不久就要离开此地。"听了这话，赛特斯便让他引来使者。当使者告知他们是前来求取这支军队的时候，他答说他将交出，并愿成为他们的朋辈和盟友。他还请他们吃饭，给予盛大的款待。可是，他没有请色诺芬，也没有请任何一个其他将官。当这些拉西第蒙人问到色诺芬为人如何时，他回答说，总地说来人品不错，但他和士兵关系密切、深受爱戴，因此对他来说事情便不太好啦。他们问："你是说，他对军队好蛊惑人心吗？""正是如此，"赫拉克里德说。"那么，"他们说，"他会做得过甚以至反对我们把军队带走吗？"赫拉克里德说，"哼，若是你把士兵召集到一起，许诺给他们发饷，他们就会急切地跟你走，不去理会他。""那么，怎样可以把他们召集起来呢？""明天早晨，"赫拉克里德答说，"我们带你去见他们。"他接着说，"我知道他们一见到你便会急切地集合起来。"这一天便这样过去了。

次日，赛特斯和赫拉克里德领着这两个拉孔尼亚人去见军队。军队集合起来。这两个拉孔尼亚人说："拉孔尼亚人已经决定对亏待你们的蒂萨弗尼亚开战。若是你们跟我们来，你们将得以惩罚你们的敌人，而且，你们每人每月可得一达利克饷银，队长每人双倍，将官每人四倍。"士兵听了这话很高兴，当下便有一名阿卡狄人起来指控色诺芬。这时赛特斯也在场，因为他想知道事情进行如何。他站在离现场不远能听到的地方，随带一名译官，虽然他实际上能听懂以希语所说内容的大部。这时这个阿卡狄人说道："诸位拉西第蒙人，就我们来说，若非由于色诺芬干扰，我们会早已跟随你们了。他总是花言巧语说动我们，把我们领开到这个地带，白天、黑夜，整个严冬，总是不停歇地行军、战斗，而他自己享受我们的劳累成果。因为赛特斯使他个人发财致富，却欺骗了我们不得发饷。在我本人来说，我愿看到这家伙以石击毙，作为使我们流离颠沛的惩罚。那样我才解我这劳苦无获的心头之气。"这个人说完之后，另一人起来同样说法，随后又是一人。继后，色诺芬讲话如下：

"唔，说到归结，真是人什么事都能遇上：在一件我有意识地——至少我是这样认为——尽了最大的热诚为你们尽力的事情上，现在我本人竟受到你们的责备。我已经上路回家了又返回来，不是——天知道不是——因为得知你们处境顺利成功，而却是由于我听说你们遭到困难；我回转来是要尽可能帮助你们。当我到来之后，虽然赛特斯这里派了好多使者见我，并做了好多许诺，要我说服你们来归属于他。我并没有想那样做，这你们自己都知道。我带领你们到一个地方，从那里我认为你们能够最快地渡过去到亚细亚。因为我想这是对你们最好的办法,我知道这也是你们所想要的办法。但是阿里司塔卡斯率战舰前来,阻止我们渡过。这时刻——无疑地这正是应该采取的适当步骤——我把你们召集到一起,以便能考虑我们应当怎样做才好。你们都亲耳听到阿里司塔卡斯让你们向刻尔索尼斯行进,也听到赛特斯促请你们跟随他服役。那时你们每人都发言赞成跟随赛特斯走,大家都表决这样做。那么,我把你们领到你们大家决定去的地方又何罪之有呢?现在我发现赛特斯开始在军饷方面对你们要花招扯皮:若是我在这方面支持他,你们责怪我、恨我也应该;但实情是以前我在我们之间对他最友好,而现在和他争论最大。在与他争论的这件事上,我跟你们,而不是跟他站在一边。你们责怪我公平吗?

"但可能你们会说,我实际上收到了赛特斯给你们的钱,而只是在骗你们[①]。那么,至少这是清楚的:若是赛特斯真的给了我钱,他肯定不会想既丢掉给我的任何数目而同时又得另外给你们发钱。我想更可能的是,若给我一些钱是想给我较小的一笔来避免给你们那笔更大的数目。如果你们是这样认为,现在你们完全能够立刻使我们两人之间的这笔交易告吹。直接向他索款。因为很明显,若是我收到赛特斯任何东西,他将向我索还,而且他索还是完全有理的,若是我没有办到收款时他所让我承担的事情。但在我看来完全不是这么一回事,我绝未收到给你们的薪饷。诸神在上,我对你们发誓,我连赛特斯许诺给我个人服役的报酬也没有得到。赛特斯本人此刻在场。他一面听着,也和我一样清楚我是

① 即佯作站在你们一边反对赛特斯。——英译者注

否发谎誓。更使你们不解的是,我还可以发誓,连别的将官——不止于此,连一些队长所得到的东西我也没有得到。

“那么,为什么我这样做呢?弟兄们,我当初想,在他处于困难之时我帮助承担困难愈多,愈对他友好,当他得势之后愈能成为好友。但实际上他一得了势便显露出本来真实面目。你可能说,‘你那么愚蠢受骗不害羞吗?’天哪,若是我被一个敌人欺骗了,我当然觉得耻辱。但作为朋友的人进行欺骗我认为便比受骗者更为可耻。因为对朋友若是要有提防的话,我们极力地提防给此人提供合理的借口,以免他拒付所已许诺的东西。因为对此人我们既未有任何冒犯,也不曾把他的事情办坏,我们也更不曾在他布置给我们的任何任务面前怯懦地畏缩不前。

“但你们可能会说,当初应该索取保证,那样他想欺骗我们也办不到了。在回答这个问题时,请听听我本不应在此人面前讲的话,若非你们好像极端糊涂——或至少是对我极为不知感激。请回想一下,那时你们的处境是多么困难。我把你们带给赛特斯,解救了你们的困难。你们不是去到佩林图斯吗?拉西第蒙人阿里司塔卡斯不是禁止入内,关门拒之吗?于是你们在露天扎营,虽然时届隆冬。你们由一个市场购买给养,虽然供售货物不多,而你们手中所有可借以购买的物力也甚微。可是你们被迫留在色雷斯海岸,因为那边有战舰为敌,阻止你们渡过亚细亚。留在那里你们只能处于敌境,有好多骑兵,还有好多轻甲兵反对你们。在我们方面,我们确是有一支重甲兵力,集体行动攻打村庄可能获得食物,虽则绝不是大量的。但我们没有用以能追击和俘获奴隶或牲畜的

任何兵力，因为在你们当中已不再有骑队[1]或轻兵部队了。

“当时你们处境如此困苦，若是我不要求任何饷酬而只是求得拥有你们所缺少的骑队和轻兵的赛特斯的联盟，你们会认为我为你们打了个坏主意吗？我想你们记得，当你们和这些队伍联合起来的时候，你们不但在村庄里获得较多的食物，因为色雷斯人被迫更为匆忙地逃走，而且还得到较大的份额的牲畜和俘虏。事实上在有了骑队之后我们不曾再见到敌人的面，而那以前敌人总是用骑队和轻兵狂妄地跟在我们屁股后面，阻止我们分成小股分散开去获得较多的给养。那么，如果这个帮助使你们得到这种安全的人不另外给你厚饷，难道说这就是极大的不幸吗？难道说你就认为因此不可能放我活命吗？

“现在要离开这里你们的情况是怎样的呢？你们不是有丰足的给养过了冬季吗？你们从赛特斯手中所得不又是很清楚吗？因为你们所受用的都是敌人的所有，而当享用这些时你们无需付出任何伤亡或有所走失。而且以前在讨伐亚细亚外邦人中，你们所创的英雄业绩、你们不是保有无失而现在又征服了你们的作战对手欧罗巴色雷斯人、从而取得另外的光荣吗？就我看来，我认为你们对我恼恨的那些事，应当完全公正地感谢诸神，把它们看作幸运好事。

“你们的处境就谈这些。现在，以诸神的名义，来，来考虑一下我自己的情况。当我初次起身回乡时，临行我在你们心目中享有

① 即当他回到军队的时候。在退军时有骑兵和轻兵部队。从这一段看，好像他们直到色诺芬起航奔希腊之后才散的。——英译者注

盛誉，而且通过你们使我在广大的希腊人心目中也享有令名。我也受到拉西第蒙人的信任，否则他们不会又派我回到你们当中来。现在我将去时却受到你们在拉西第蒙人面前对我的辱骂，并由于你们的缘故为赛特斯所痛恨。我本想借助你们为他好好效力，由他给我一个不错的庇护所，为我个人和我的子女，若是有了子女的话。为了你们我招恨极深，而且是比我强大得多的人们的恨。为了你们我到此刻还是一直不停地努力效劳，而你们却竟是这样看待我！

"现在我由你们掌握，既非俘获的逃兵，也不是逃跑的奴隶。若是你们照你们刚才所说的那样做，无疑地你们将是杀害一个曾为了你们而度过好多个不眠之夜的人，一个不论分内、分外和你们经受了多少艰苦患难的人，一个得天之助也曾与你们树起了战胜异邦人许多胜利丰碑的人，一个尽了最大努力制止你们使你们不与任何希人成仇的人。眼前实际上你们可以自由安全上路，愿意去哪儿就去哪儿，陆路、海路随便。当如此巨大自由呈现在你们面前的时刻，当你们即将起航去你们久已向往去的地方，而最强大的人要你们协助的时刻，当薪饷在望而被认为是最强大的领袖已前来领导你们的时刻，你们，喂，你们认为这是应该仓促处死我的时候吗？在我们艰难困苦时，肯定不是这样；噢，你们比谁都记得清。岂止于此，那时你们称我为'父亲'，许诺将永远不忘我是恩人！现在前来要你们的人也绝不是缺乏辨别能力的人。若是你们这样对待我，我想他们也不会对你们有好印象的。"说到这里，色诺芬停了下来。

这时，拉西第蒙人卡尔米努斯起立发言，说："二神在上，我认为你们恼恨此人是没有什么公正道理的,我自己可以为他作证。当我和波利尼库斯向赛特斯打听色诺芬的为人时,赛特斯对他无可指责,只是说他'太受士兵爱戴',而因此便不那么有利,无论是在我们拉西第蒙人看来,还是对他自己来说。"接着,吕西人攸利洛库斯起来说:"是的,拉西第蒙朋友们,我认为你们首先应当在此事上对我们领导起来,不管赛特斯愿意与否,向他索要我们的饷银,在得到之前不应把我们带走。"雅典人波利克拉底在色诺芬鼓动之下说道:"弟兄们,瞧,我见到赫拉克里德也在场。他保管了我们历尽艰辛所获得的财物,然后把它们卖掉,却把售卖所得既未交给赛特斯也不给我们,而是鲸吞了此款,据为己有。因此,若是我们明智,便要把他抓起来。因为这家伙不是色雷斯人,而是希腊人,可是他在侵犯希腊人。"

听到这话,赫拉克里德特别害怕起来。他便走向赛特斯,说:"若是我们明智,我们应该离开此地,摆脱这些家伙们的势力。"于是他们上马驰向他们自己的营帐。后来赛特斯派他的译官阿布罗泽尔模斯来见色诺芬,促请他带领一千重甲兵力跟他留下来,答应不仅交给他海岸的一些城堡,还要把所有以前曾许诺过的其他东西都给他。他还极为保密地说,他听波利尼库斯讲,若是色诺芬落入拉西第蒙人手中,他一定会被提布戎处死。也有许多别的人送来这一信息,说他已被毁谤,最好多加提防。听了这些报告之后,他便取来两只牺牲向宙斯大王祭献,求示他应怎样做较好,怎样做更为有利:是照赛特斯提出的条件留下来跟他在一起呢,还是和军队一同离去。神示让他离去。

Ⅶ

后来赛特斯扎营离开较远了,希军在去海岸行程之前驻扎在村庄里,可以得到极为丰富的给养。这些村庄本是赛特斯给了米多萨德斯的,因此当米多萨德斯看到村内物资眼看被希军用尽,便生了气。他带领一名非常有势力的从内地来的奥德里西人和约三十名骑兵到来,并从希军营帐请色诺芬前来。于是色诺芬便带了些队长及适合的人前来见他。米多萨德斯说道:“色诺芬,你们希军劫掠我们的村庄是不对的。所以,我公开警告你。我代表赛特斯和这位由米多库斯来的内地王子要你离开此地。若是你不离开,我们便不许你们胡作非为;若是你们继续为害我土,我们便将视汝为敌,起而自卫。”

听了这话色诺芬说道:“你呀,你说这样的话都令人痛心不愿回答。但为了这位年轻人我要说说,好让他知道你们是何等人,而我们又如何。”他接着说,“在我们成为你们的朋友之前,我们在这一带愿意到哪儿去都随便,愿抢就抢,愿烧就烧。每当你们作为使者来见我们,那时你们总是跟我们一起露营,不怕任何敌人。另一方面,你们的人从未来过这一地带。即或有时你们来,也是露营,如同在比你们强大的土地上,马不卸缰。但当你们有了我们做朋友之后,而且现在通过我们,诸神保佑,享有了这块土地,你们便想把我们从这块我们为你们赢得的、由我们武力控制的土地上赶走。你自己知道,敌人是不能把我们赶走的。目前本当对我们有所馈赠和厚待,来报答我们使你们得到的好处,以利我们上路。可是你

们竟然连让我们在动身离去的时刻在此地野营都不肯。你竟然厚颜无耻地说这样的话,何以对诸神,何以对这位奥德里西君主,他现在看你拥有了财富,而在有了我们这些朋友之前,你们赖以为生的,正如你自己所说,就是靠抢劫罢了。”色诺芬又说道,“真是地,你何必跟我讲这些话呢?因为我已不再指挥了,而是拉西第蒙人在负责。是你们自己把这支军队交给他们要带走的,而此事你们这些极无礼义的人连请我出场都不曾。若是在场,即使我把军队带来给你们时我遭到他们恼恨,现在我也好得到他们的好感来把军队交还。”

这位奥德里西人听了这话便说:“我呀,米多萨德斯,听了这事羞得无地自容。若是我以前了解这种情况,我绝不会陪你来。现在我要回去了。因为米多库斯王是绝不会赞成我把恩主赶走的。”说罢他便上马驰去,骑兵除了五名之外也都随同走去。但是米多萨德斯仍然不甘心此地被劫,促使色诺芬把两位拉西第蒙人叫来。于是色诺芬便带领精锐部下去见卡尔米努斯和波利尼库斯,说米多萨德斯叫他们去以便对他们提出刚才对色诺芬提出的警告,——离开这个地带。他接着说,“我认为你们可以为军队索得欠饷,若是你们说:军队请求你们帮助他们向赛特斯索取他们的饷银,不管他愿意与否;军队说若是得到此饷会迫切地跟随你们;他们的话你们认为公正有理;你们答应他们在军队得其应得之前暂不离去。”

拉孔尼亚人听他说后回答道他们将这样讲,并另加一些强有力的言辞。他们马上出发,随带军内所有重要人物。到达时卡尔米努斯说,“米多萨德斯,若是你有话对我们说,说吧。若是没有,

我们却有话对你说。”米多萨德斯很驯顺地回答道，“我是说，赛特斯也这样说，请你们不要加害于已经变成我们朋友的人，加害于他们就是直截了当地加害于我们，因为他们是我们的。”拉孔尼亚人说道，“那么，我们吗，一旦这些为你们获得这些财产的人得到他们的薪饷之后我们便将离去。若是这一点办不到，我们打算此时此地便要帮助他们惩罚那些违反誓言、伤害他们的人。如果你是其中之一，便从你开始，讨回他们有权得到之物。”这时色诺芬说：“米多萨德斯，你是否愿意把这个问题交给这些当地东道主人（因为你说他们是你们的朋友），让他们决定，这样或那样，是你们或我们自己应该离开他们的土地？”米多萨德斯对此说，“不行”。但他要求这两位拉孔尼亚人自己去见赛特斯索要军饷，并说他认为他们能够说服赛特斯。若是他们不同意去，他请他们派色诺芬跟他自己同去，并答应支持他。他并且请求他们不要烧毁村庄。

于是他们派色诺芬前去，随带最精干的人同行。来到之后他对赛特斯说道：“赛特斯，我来此不是提出任何要求，而是，如果能够的话，让你知道你对我生气是错误的。为了士兵我恳切地向你索要你所已经许诺的军饷，因为我认为让他们得到薪饷不只对他们好，而你发饷给他们对你也一样有利。因为，首先是这些人在诸神保佑下使你显赫起来，他们使你成为广土众人之王。因之你行为崇高或卑陋不可能不受到别人的注意。我认为一个居于这样地位的人不应被认为弃恩负义，这一点很重要。让这六千之众同声称赞这一点也很重要。但最重要的是你绝不应让人视为言而无信、不可信赖的人。因为我知道，无信之人所言飘忽，总无成果，总无力量，总无荣誉。但若人实事求是，若有所求，他们的话比别人

手中的力量更能有所成就。若是他们想惩戒一个人，他们的劝吓起作用不亚于别人的实际惩处。这样的人若是对人有所许诺，所起作用不亚于别人的直接遗赠。

“请你回想一下，在我们与你结盟之前你给了我们什么。你知道，没有什么，但受到信赖，被认为说话算数无移，这便使得这支大军为你服役，为你赢得了土地。这绝不仅值他们认为你现在应付的三十他连特饷金，要多不知多少倍。那么，首先是这种信赖，这种为你赢得王国的信赖重要因素就被这笔钱给卖掉了。

“现在来回想一下，那时节你认为能得到现在所已完成的胜利将是如何伟大。我相信你会梦寐以求地祈祷实现现在完成的事业而重于需你支付的钱财多倍。我认为现在不能牢固掌握这些业绩比那时不曾获得更为惨苦和羞辱，正如由富变穷比根本不曾富更为令人难过；也正如为王之后沦为庶民比根本不曾为王更为痛苦。你晓得，这些现已成为你的庶民的人并非由于对你爱戴而愿受治于你，而是迫不得已。若不是有些畏惧之情对其约束，他们将会谋求再获自由的。有两种情况。一种是：他们看到士兵们对你怀有深厚感情，现在命留则留，将来需要时他们能随时迅速返回，而由于听到这些队伍说你好多好话，随时你想要时别人会迅速投奔来为你服役；另一种情况是：由于现在发生的事情产生一种不信任感，对你印象很坏，认为没有别人会投奔你来，而你手下所有的人对他们比对你更为友好。你想，在哪种情况之下他们会更有畏惧之心而对你能更为驯顺有节呢？另外，他们服从于你绝不是因为他们比我们人少，而是由于他们缺乏领导。因此，现在也存在这种危险：他们有可能在一些认为受你伤害的这些士兵中或是在另外

甚至更为强大的人当中找到领导，——我的意思是指拉西第蒙人，——若是士兵们答应为他们更加热诚地服役，如果现在他们向你索得欠饷；若是由于需要这支军队，这些拉西第蒙人答应了此项要求。另外，现已降服于你的色雷斯人十分肯定地是不愿顺从你而更急于反对你，因为你成为战胜者他们便沦为奴隶，若战胜你——他们便得自由。

“而且，若是你有鉴于此地已归属于你，需要将来为它多加考虑的话，你想怎样才会能更好地避免祸害呢？一是这些士兵的要求得到满足，去后留下和平景况；另一种情形是他们留下来为敌，而你需得建立、维持另一支军队相抗，这支军队将不得不为数比他们多，而且也需要给养。怎样花钱更多呢？一是把欠这些人的钱交付给他们；另一种情况是这笔钱欠着不还，而不得不去雇用更强大众多的队伍。是的，赫拉克里德总对我解释，认为这是一笔巨款。说实在的，你现在收、支这笔钱简直不算一回事，比我们来此以前你收或支此数的十分之一都算不了回事。因为款子的大或小不决定于款子的数目而是决定于付款人和收款人的能量。就你本人来说，现在你的一年收入将比你从前所拥有的全部财产都值得多。

“我呀，赛特斯，是出于朋友之情为你着想才主张这样办，以便你能受人尊重，无愧于诸神对你的优赐而我也可不失信于军队。你完全可以肯定，现在我若想去攻打敌人，这支军队是我不能用的；若是我想再来帮助你，我也是无能为力的。这就是军队对我的感情状况。可是我使你自己本人和诸神作证，他们知道我既不曾从你手中收得给士兵的任何东西，也不曾向你索要属于他们的东

西归我私用，或向你索要你对我许诺过的东西。我对你发誓，即使你给了我所应得的东西我也不会接受，除非是士兵们也同时得到他们所应得的东西。因为把我自己的事情安排好而让他们的事情坏着不管是不体面的，特别是我是受他们尊敬的。赫拉克里德总认为，比起千方百计弄到钱来，什么都是废话。但我认为，赛特斯，对于一个人，特别是一个指挥官来说，没有任何财产比其勇武、正义和慷慨更为光荣和可贵的。拥有这些美德的人是真富，因为他朋友众多，因为另外别的人也愿和他交友。若是他成功，好多人和他同庆；若是他遭遇患难，将不乏人前来相助。

“如果从我的行为上和言语上你都看不出我从心底里是你的朋友，至少请考虑一下士兵们同声所说的话，因为那时你在场，听到了那些谴责我的人所讲的话。他们在拉西第蒙人面前指控我把你看得比拉西第蒙人为重，为了他们自己，他们指责我更关心你的事情办好而不关心他们自己的。他们还说我收受了你的赠与。关于这些礼物你想是因为他们观察到我对你有恶感而指控收受了你的赠与，还是因为他们觉察到我对你有充足的好感？在我来说，我想人总是相信对赠与礼物的人应有好感。可是在为你效力之前，你欢迎我的喜悦从你眼睛里、语声里和款待之情里表现出来，而你对我报答的许诺盛情是无穷无尽的。现在你已完成了所想望的事业，我已尽可能地使你成为伟人，难道你忍心让我在士兵当中受这样的污辱吗？但我确信不仅时间将教导你必须决定发给欠饷，而且你自己也不能总是看着这些为你慷慨效了力的人们指控你。因此我请你，在你发饷时尽力恳切地使我在士兵心目中具有当我们结交时你对我的看法。”

听了这些话，赛特斯咒骂了那个应负责任的人老早以前就应发放了士兵的薪饷，而每个人都能猜想出那个人便是赫拉克里德。赛特斯说道，“我从来不曾打算欺骗他们，我将交付此款。”于是色诺芬又说道：“既然你打算支付此款，那么，我请求你通过我发放，不要为了你使我在军队中现在变了地位而跟我们来到你处时不一样。”赛特斯回答说：“我不会使你在士兵当中的荣誉受影响。可是，你若留下来跟随我，只带一千重甲步兵，并不会影响你受士兵尊敬。另外，我还将把那些城堡交给你，连同其他我所许诺的东西。”色诺芬答说：“这个打算是不可能实现的；辞退我们吧。”“可是，真的，”赛特斯说，“我知道你留下来跟我比走开较为安全。”色诺芬答：“唔，我感谢你的盛意，可是现在我是不可能留下。但不管我到哪儿享受荣誉，请相信那将对你和对我都是好的。”于是赛特斯说：“现钱我只有一些，我给你一他连特金钱；但我有六百头大牲畜和四千只羊，另有近一百二十名奴隶。把这些拿去，连同伤害你们的人的人质，上路吧。”色诺芬笑道：“假如所有这些都不足以付清饷银，我将说这他连特金是谁的呢？这对我确是一个祸源，我最好还是小心别在回程上被石头击毙吧。因为你听到了那些威胁。”于是，他暂时留在赛特斯住处。

次日赛特斯把他所许诺之物交给了他们，并派人跟随赶着牲群。且说士兵们直到此刻总说色诺芬已经同赛特斯走开和他住到一起，得到了赛特斯对他所许诺的东西。但当他们看见色诺芬时却非常高兴，跑出来迎接他。色诺芬一见到卡尔米努斯和波利尼库斯便对他们说：“这些财产是经你们为军队争得的，我把它们交给你们。那么请你们处理、发放给军队。”于是他们接收过来，指派了掠物售卖人员，开始出售。他们遭受了大量责备。色诺芬则不去接近他们，显然他是在做回乡旅程的准备，因为雅典还没有宣布对他流放的判决[①]。但是他的军营朋友来见他，请求他不要走，直到把军队带走交给提布戎。

Ⅷ

从这里他们过海去兰普萨库斯，在那里色诺芬受到攸克里德斯迎接。攸克里德斯是弗利亚斯先知、吕西姆[②]壁画作者克里戈拉斯的儿子。攸克里德斯祝贺色诺芬安全返回，并问他获得了多少黄金。色诺芬发誓说他实在连足够路上花费都没有，只好把他的马和随身所有都卖掉了。攸克里德斯不肯相信。但当兰普萨库斯人给色诺芬送来东道礼物，他向阿波罗祭献时，他让攸克里德斯在他身旁。攸克里德斯察看了牺牲的内脏，说他确信色诺芬并没有钱，并说："我相信，即使钱要来到你手时，也总是出障碍——即便不是别的什么，也是你自己本人。"色诺芬同意他这个说法。于是攸克里德斯又说，"是的，大慈大悲的宙斯是你路程中的一个故障"，并问是否他已向此神[③]供祭过了，"正如在家乡我常为你奉献的那样，并用全牺。"色诺芬回答说自打他离家之后不曾祭献此神。

① 色诺芬被放逐的确切日期不详。他的被放逐好像不仅是由于他参加了曾与斯巴达联盟反对雅典的居鲁士的长征，而是由于他以后与斯巴达人关系密切。——英译者注

② 著名的雅典体育场。——英译者注

③ 即兼有此一特殊慈悲使命的宙斯神。——英译者注

于是攸克里德斯劝他像往常那样祭献，并说这对他有利。次日来到奥弗律尼，色诺芬便举行祭献，照祖辈惯俗供奉了全猪，得到了好的兆头。真的，当日比昂和瑙西克雷德斯[①]便带钱来给军队，由色诺芬款待。他们赎回了他在兰普萨库斯以五十达利克卖掉的那匹马，——他们猜测出他是由于缺钱而卖掉的，因为听说他很爱此马，——马送还给他，不肯接受赎价。

从那里他们行经特罗阿德，越过伊达山，先到安坦德鲁斯，然后沿着海岸行进，到达提勃平原。从那儿行进经由阿德拉米图和赛托努斯，他们来到凯库斯平原，从而直抵米西亚的波尔加姆斯。

在这里色诺芬受到耶利多里人龚基卢斯[②]夫人、戈尔基昂和龚基卢斯之母海伦斯的款待。她告诉他说平原上有一名叫阿西达提斯的波斯人，并称若是他夜里带三百队伍前去，能俘捉此人连同他的妻儿老小及其所有大量财产。为此举做向导，她派了不仅她自己的堂弟，还有她很推崇的达夫那戈拉斯。于是色诺芬进行祭献，使这两人在他旁边。临场的伊利斯卜官巴西亚说兆头对他极为有利，此人甚易俘获。饭后他便出发前往，带领最亲密的队长和一贯证明为可靠的另外一些人，以便能为他们做件好事。但还有另外一些人强行加入，数达六百。队长们试图把他们赶开以免让他们分享劫物一份——正好像财物已经在握。

他们到达此地时约在午夜，堡楼周边的奴隶们及大部牲畜逃

① 显然是提布戎所派的官员。——英译者注

② 他的祖先(父亲?)，据希腊史记载，得到泽尔士赏予此附近一带的四个城市，“因为他拥护了波斯的事业，而且是耶利多里人当中唯一这样做的，因此被放逐。”——英译者注

跑了。希腊人不理睬这些，一心要俘获阿西达提斯本人及其财物。当他们发现不能猛攻而下此堡时（因为又高又大，并设有雉堞，由一支精强战士防守），他们试图挖通堡城墙壁。此墙厚有八坯砖，破晓时便开了一个洞口。刚一透亮时，里面便有人用肉叉扎穿离洞口最近的那个人的大腿。从那时起他们便一直总是射箭，连再经过此地都不安全了。他们呐喊，点起烽火，这时便有人前来援救——伊塔梅尼斯率部前来，从科马尼亚来的亚述重甲步兵和希坎尼亚骑兵：这些也都是为波斯国王服役的雇佣兵——数达八十，还有约八百名轻装兵；更多的人来自帕尔提纽姆，来自阿波尼亚，来此附近各地，其中并有骑兵。

这时便该考虑如何退军了。他们攫取这里所有的牲畜、羊只，以及奴隶，把他们四面围起来，随军向前赶去。这样做不是由于他们还考虑到劫物之事，而是怕如果他们走开留下劫物，敌人会变得胆壮起来，士兵们会泄气；当这样做时，他们退军也好像是准备争取他们的财物。但是龚基卢斯一见希军人少，而攻击者甚众，便不顾其母，带领自己的队伍冲上前去，要参加作战。普罗克利斯和达马拉图斯后裔透忒拉尼亚也从哈里萨那前来助战。这时色诺芬及其士兵被箭射、石击得很难过，曲线行进以便使盾牌面对箭矢，好不容易地才渡过卡尔刻苏斯河，几乎半数受伤。司腾法利队长阿加西亚就是在这里受了伤，但他一直对敌战斗。这样他们得以安全结束，得了约二百奴隶和足供祭献牺牲用的羊只。

次日色诺芬祭献牺牲，然后夜里带领全军前进，打算尽长地行经吕底亚以便使阿西达提斯不致由于他们的接近而害怕，从而放松警戒。但是阿西达提斯听说色诺芬又进行祭献，打算对他进行

攻击，而且将带领全军前来，便离开他的堡楼，扎营在帕尔提纽姆镇下方的村庄里。在这里色诺芬及其士兵和他遭遇，俘获了他和他的妻子儿女、他的马匹及其所拥有的一切。这样，从前祭献牺牲的兆头便证实了。此后他们又回到波尔加姆斯。在这里色诺芬向神致了敬；为拉孔尼亚人、队长们、其他将官们和士兵们一起做出安排，使他得到最好的马匹和驮牛及其他。结果是他现在甚至能对别人有所恩施了。

这时提布戎到来，接收了军队，把它和他的其他希腊队伍合并起来，前去对蒂萨弗尼斯和法尔那巴组斯交战①。

① 统计札记：我们所行经的王土各地长官如下：吕底亚的阿尔提马斯，弗里吉亚的阿尔塔卡马斯，吕考尼亚和卡帕德西亚的弥特拉达特，西里西亚的叙涅西斯，巴比伦的罗帕拉斯，米底亚的阿巴卡斯，法西亚和赫司帕里特的提里巴组斯；然后是独立的卡杜客亚人，卡吕比亚人，卡尔丹人，马克罗尼亚人，科尔刻斯人，麦叙诺基亚人，科提亚人和提巴壬尼亚人；还有欧洲的帕弗拉戈尼亚长官科律拉斯，拜占庭的长官法尔那巴组斯和色雷斯长官赛特斯。

上、下全部行程长度为二百一十五站，一千一百五十帕拉桑或三万四千二百五十五司塔迪。上、下行程所历时间计一年零三个月。——英译者注

译名对照表

Abrocomas　阿布罗考玛斯，腓尼基总督。

Abrozelmes　阿布罗泽尔模斯，赛特斯的译官。

Abydus　阿卑都斯，特罗阿德城市，在赫勒司滂。

Acarnanian　阿卡尔纳尼亚人，希腊北部阿卡尔纳尼亚居民。

Achaean　阿加亚人，伯罗奔尼撒阿加亚居民（苏格拉底，赞提克里斯，斐利修斯，萨莫拉斯，吕孔，斐司库斯）。

Acherusian Chersonese　阿克鲁西亚的刻尔索尼斯，比太尼亚赫拉克里亚附近的半岛。

Adramyttium　阿德拉米图，米西亚城市。

Aeetes　埃厄提斯，其孙为科尔刻斯法西亚王。

Aeneas　埃涅阿斯，司腾法利人，队长。

Aenianian　埃尼安尼亚人，帖萨利南部埃尼安尼亚居民。

Aeolis　埃奥利斯，小亚细亚西部地区。

Aeschines　埃司基尼斯，阿卡尔纳尼亚人，轻盾兵指挥官。

Agasias　阿加西亚，司腾法利人，队长。

Agasilaus　阿基西罗斯，斯巴达王。

Agias　阿基亚斯，阿卡狄人，将官。

Aleibiades　阿尔西比底斯。

Amazons　阿马孙。

Ambraciot　安布拉喜阿人埃皮鲁斯，安布拉喜阿城居民。

Amphicrates　安菲格拉底，雅典人，队长。

Amphidemus　安菲德穆斯，雅典人。

Amphipolitan　安菲玻里人，马其顿安菲玻里城居民。

Anaxibius　安那克西部斯，拉西第蒙海军司令官。

Antandrus　安坦德鲁斯，特罗阿德城市。

Apollo　阿波罗。

Apollonia　阿波尼亚，米西亚城镇。

Apollonides　阿波罗尼德斯，吕底亚人，队长。

Arabia　阿拉伯。

Araxes　阿拉克赛，叙利亚河流，幼发拉底斯支流。

Arbaces　阿巴赛斯，波斯将官。

Arcadian　阿卡狄亚人，伯罗奔尼撒阿卡狄亚居民（阿基亚斯，泽尼亚斯，克里安诺，尼卡尔胡斯，巴西亚，卡利马库斯，阿瑞克雄，皮希亚斯，攸利洛库斯，阿里司塔斯）。

Archagoras　阿卡戈剌斯，阿盖斯人，队长。

Arexion　阿瑞克雄，帕拉西亚人，预卜官。

Argive　阿盖斯人，伯罗奔尼撒阿盖斯居民。

Ariaeus　阿里柔斯，居鲁士波军指挥官。

Aristarchus　阿里司塔卡斯，拉西第蒙拜占庭长官。

Aristeas　阿里司提斯，开俄斯人，轻兵指挥官。

Aristippus　阿里司提普斯，帖萨利人。

Ariston　阿里斯顿，雅典人。

Aristonymus　阿里司顿尼穆斯，麦提德利安人，队长。

Armenia　亚美尼亚，波斯帝国北部省份。

Armenian　亚美尼亚人。

Artagerses　阿尔塔革赛斯，波斯人，国王骑兵卫队指挥官。

Artaozus　阿尔陶组斯，波斯人，居鲁士友。

Artapates　阿尔塔帕特斯，波斯人，居鲁士内务大臣。

Artaxerxes　阿尔塔泽西斯，波斯王。

Artemis　阿尔特米斯，以弗所人。

Artuchas　阿图卡斯，波斯将官。

Arystas　阿里司塔斯，阿卡狄人，队长。

Asia　亚细亚。

Asidates　阿西达提斯，波斯人。

Asinaean　阿西那，拉孔尼亚城镇阿西那居民。

Aspendian　阿司盆都斯人，潘菲里亚阿司盆都斯城居民。

Assyrian　亚述人，波斯帝国亚述省区居民。

Athena　雅典娜。

Athens　雅典，希腊北部阿狄迦首城。

Athenian　雅典人（色诺芬，条波普斯，苏格拉底，吕修斯，赛菲索多鲁斯，安菲格拉底，波利克拉底，阿里斯顿，福拉西亚斯，格涅西浦斯）。

Attic　阿狄迦的。

Babylon　巴比伦，波斯帝国王城。

Babylonia　巴比伦尼亚，巴比伦周围地区。

Basias　巴西亚：（1）阿卡狄人；（2）伊利斯人，预卜官。

Belesys　贝尔叙斯，叙利亚总督。

Bion, Locedamonian　拉西第蒙人比昂，为提布戎服役。

Bisante　比三特，普罗滂提斯堡垒。

Bithynian　比太尼亚人，小亚细亚西北海岸省份比太尼亚居民。

Boeotia　彼奥提亚，希腊北部地区。

Boeotian　彼奥提亚人（普罗克西努斯，托拉克斯）。

Boiscus, Thessalian　帖萨利人勃依司库斯，拳击士。

Byzantium　拜占庭，靠近博斯普鲁斯海峡的城市，后为君士坦丁堡。

Byzantine　拜占庭的。

Caenae　该涅，米索波塔米亚城市，在底格里斯河畔。

Caicus　凯库斯，米西亚河流。

Calchedon　卡尔西顿，博斯普鲁斯城市，与拜占庭相对。

Calchedonia　卡尔西顿尼亚，卡尔西顿周围地区。

Callimachus　卡利马库斯，帕拉西亚人，队长。

Calpe　卡尔佩，比太尼亚北岸港口。

Cappadocia　卡帕德西亚，小亚细亚中部省区。

Carcasus　卡尔刻苏斯，米西亚河流。

Carduchians　卡杜客亚人，亚述及亚美尼亚之间的山民。

Carsus　卡苏斯，西里西亚及叙利亚之间的河流。

Castolus　卡司特卢斯，吕底亚城镇，靠近萨迪斯。

Caystru-pedion　刻司特汝佩迪安，弗里吉亚城镇。

Celaenae　赛莱尼，弗里吉亚城市。

Centrites　肯特里特，亚美尼亚及卡杜客亚人地带的河流。

Cephisodorus　赛菲索多汝斯，雅典人，队长。

Cephisophon　赛菲索芬，雅典人。

Ceramon-agora　赛拉蒙那戈剌，弗里吉亚城镇。

Cerasus　赛拉苏斯，攸克星海上希腊城市，西诺波殖民地。

Cerasuntians　赛拉苏人。

Cerberus　赛柏汝斯，黄泉世界的守犬。

Certonus　赛托努斯，米西亚城市。

Chaldaeans　卡尔丹人，亚美尼亚部族。

Chalus　卡卢斯，叙利亚河流。

Chalybians　卡卢比亚人，本都斯部族，在亚美尼亚北部边境。

Charmande　卡尔曼德，阿拉伯城市，在幼发拉底斯河畔。

Charminus　卡尔米奴斯，拉西第蒙人，为提布戎服役。

Cheirisophus　客里索甫斯，拉西第蒙将官，退军时希腊先头部队指挥官。

Chersonese　刻尔索尼斯，阿克鲁西亚，赫拉克里亚附近半岛，在比太

尼亚。

Chersonese 色雷斯，赫勒司滂北方半岛。

Chian(Chios)开俄斯人，吕底亚西方开俄斯岛居民。

Chrysopolis 克里索波利斯，博斯普鲁斯城市，与拜占庭相对。

Cilicia 西里西亚，小亚细亚东南岸省区。

Cilician 西里西亚的。

Cleaenetus 克里安尼图斯，队长。

Cleagoras 克里戈拉斯，弗利亚斯人，画家。

Cleander 克里安德，拜占庭拉西第蒙长官。

Cleanor 克里安诺，奥尔科美努将官。

Clearchus 克利尔库斯，拉西第蒙将官。

Cleeretus 科利恩图斯，队长。

Coeratadas 科拉塔达斯，底比斯人。

Colchian 科尔刻斯人。

Colchis 科尔刻斯，攸克星海东及东南岸地带。

Colossac 科洛萨克，弗里吉亚城市。

Comania 科马尼亚，米西亚地方，靠近波尔加姆斯。

Corsote 科尔索提，米索波达米亚城市，在幼发拉底斯河畔。

Corylas 科律拉斯，帕弗拉戈尼亚首领。

Cotyora 科提拉，攸克星海希腊城市，西诺波殖民地。

Cotyorites 科提拉人。

Cretan 克利特人，克利特岛居民。

Ctesias 克台西亚，希腊医生，为阿尔塔泽西斯服役。

Cydnus 赛德努斯，西里西亚河流。

Cyniscus 赛尼司库斯，拉西第蒙人。

Cyrus the great，大居鲁士，波斯帝国建国大王。

Cyrus，the younger， 小居鲁士，阿尔塔泽西斯王之弟。

Cyzieus 赛济库斯，普罗滂提斯城市。

Damaratus 达马拉图斯，斯巴达王。

Dana 达纳，卡帕德西亚城市。

Daphnagoras，Mysiah 密西亚人达夫拉戈拉斯。

Dardanian 达达尼亚人，特罗阿德城达达努斯居民(提马宋，攸科马库斯)。

Dardas 达达斯，叙利亚河流。

Darius 大流士，波斯王。

Delphi 德尔菲，佛西斯城市，有阿波罗神庙宇及神谕处。

Delta 德尔塔，色雷斯半岛。

Damocrates Temnian 腾尼亚人德摩克拉提斯。

Dercylidas 德尔叙里达，拉西第

蒙将官。

Dexippus 德克西浦斯，拉孔尼亚人。

Dolopian 多罗庇亚人，帖萨利西南部多罗庇亚地区居民。

Dracontius，Spartan 斯巴达人德拉孔图斯。

Drilae 德里莱，特拉佩组斯附近山民部族。

Ecbatana 埃克巴塔那，米底亚首城。

Egypt 埃及。

Egyptian 埃及人。

Elean 伊利斯人，伯罗奔尼撒伊利斯地带居民（托尔米德，希罗尼穆斯，巴西亚）。

Enyallus 恩尼阿卢斯，阿瑞斯姓。

Ephesus 以弗所斯，爱奥尼亚城市。

Ephesian 以弗所人。

Episthenes 埃皮忒尼斯：(1)安菲玻里人，轻盾兵指挥；(2)奥林修斯人。

Epitalian 埃庇塔里人，伊利斯城镇埃庇塔里居民。

Epyaxa 爱匹亚克萨，西里西亚王叙涅西斯夫人。

Eretrian 耶利多里人，攸勃卡耶利多里城居民。

Etconicus 埃奥考尼库斯，安那克西部斯手下拉西第蒙军官。

Eucleides 攸克里德斯，弗利亚斯人，预卜官。

Euphrates 幼发拉底斯河，米索波塔米亚河流。

Europe 欧罗巴。

Eurylochus 攸利洛库斯，吕西人，重甲步兵。

Eurymachus 攸利马库斯，达达尼亚人。

Euxine 攸克星海，即黑海。

Ganos 伽诺斯，普罗滂提斯堡垒。

Gates 西里西亚及叙利亚门户。

Gaulltes 高利特，萨摩斯人。

Glus 格卢斯，埃及人，居鲁士军官之一。

Gnesippus 格涅西浦斯，雅典人。

Gobryas 戈布律亚斯，波斯将官。

Gongylus 龚基卢斯：(1)耶利多里人，居住在波尔加姆斯；(2)前者的儿子。

Gorgias 戈尔基亚，利翁廷人，修辞家。

Gorgion 戈尔基昂，龚基卢斯之子。

Greece 希腊。

Greek 希腊人（通称，特指书中万人大军）。

Gymnias 吉尼亚斯，特拉佩组斯附近叙特尼亚城市。

Halisarna 哈里萨那，米西亚城市。

Halys 哈利斯河，小亚细亚境内。

Harmene　哈尔梅涅,西诺波附近港口。

Harpasus　哈帕苏斯,卡吕比亚及叙特尼亚之间的河流。

Hecatonymus　赫卡托尼木斯,西诺波使节。

Hegesander　赫哲山大,阿卡狄人,队长。

Hellus　希腊斯,太阳神。

Hellas　海伦斯,大龚基鲁斯的夫人。

Hellespont　赫勒斯滂,欧洲亚洲之间的海峡,即达达尼尔海峡。

Hellaspontine　赫勒斯滂的。

Heracleia　赫拉克里亚,攸克星海上希腊城市,在比太尼亚。

Heracleides　赫拉克里德,马龙依族人,为赛特斯服役。

Heracleot　赫拉克琉特,赫拉克里亚居民。

Heracles　赫拉克里斯英雄。

Hieronymus　希罗尼穆斯,伊利斯人,队长。

Hyrcanian　希坎尼亚人,里海东南省区希坎尼亚居民。

Iconium　依孔纽姆,弗里吉亚城市。

Ida　伊达山(=Ido,Mt.),特罗阿德境内山名。

Iorria　爱奥里亚,小亚细亚西岸地区。

Ionian　爱奥尼亚人。

Iris　依里斯,小亚细亚北部河流。

Issus　依苏斯,西里西亚城市。

Isthmus　地峡,科林斯的。

Itamenes　伊塔梅尼斯,波军指挥官。

Lacedaemon　拉西第蒙(或Laconia),伯罗奔尼撒地带。

Lacedaemonian　拉西第蒙人(克利尔库斯,毕达戈拉斯,客里索甫斯,卡尔米努斯,波利尼库斯,阿里司塔卡斯)。

Laconian　拉孔尼亚人(达马拉图斯,客里索甫斯,克利尔库斯,琉尼穆斯,德克西浦斯,尼坎德,涅昂,阿里司塔卡斯,卡尔米努斯,波利尼库斯)。

Lampsacenes　兰普萨库斯人。

Lampsacus　兰普萨库斯,赫勒司滂特罗阿德城市。

Larisa　拉利萨,底格里斯河畔城市废墟,古卡拉。

Leon,Thurian　图利亚人利翁。

Leontine　利翁廷人,西西里希腊城市利翁廷居民。

Leonymus　琉尼木斯,拉孔尼亚人。

Locrian　罗克利斯人,北部希腊罗克利斯居民。

Lusi　吕西。

Lusian　吕西人,阿卡狄亚城市吕西居民。

Lycaea　吕凯亚,吕凯亚宙斯节。

Lycaonia 吕考尼亚,中部小亚细亚省区。

Lycaonians 吕考尼亚人。

Lyceum 吕西姆,雅典的体育场。

Lycius 吕修斯:(1)叙拉古人;(2)雅典人,骑兵指挥。

Lycon,Achaean 阿加亚人吕孔。

Lyeus 琉斯,赫拉克里亚附近河流。

Lydia 吕底亚,西部小亚细亚省区。

Lydian 吕底亚人。

Macander 马堪德河,西部小亚细亚河流。

Macistian 马西司提,伊利斯城市马西司居民。

Macronians 马克罗尼亚人,特拉佩组斯南方部族。

Maeander 米安德。

Maesades 迈萨德斯,赛特斯之父。

Magnesians 马格涅西亚人,帖萨利南部马格涅西亚居民。

Mantineans 曼提尼亚人,阿卡狄亚城市曼提尼亚居民。

Mardians 马尔狄亚人,亚美尼亚部族。

Mariandynians 马利安狄尼亚人,赫拉克里亚附近比太尼亚部族。

Maronite 马龙依人,色雷斯海岸希腊城市马龙依居民。

Marsyas 马尔叙亚:(1)弗里吉亚林神;(2)弗里吉亚河流,以此神命名。

Mascas 马司卡斯,美索不达米亚河流。

Medea 梅狄亚,梅迪亚王夫人。

Medes 梅迪亚人。

Media 梅迪亚,底格里斯河沿岸地区。

Medocus 米多库斯,奥德里西人国王。

Medosades 米多萨德斯,赛特斯使臣。

Megabyzus 麦嘎比组斯,以弗所阿尔特米斯神庙住持。

Megaphernes 麦加弗尼斯,波斯贵族。

Megarian(Magara) 麦加拉人,科林斯地峡城市麦加拉居民。

Melanditae 米兰狄太,色雷斯部族。

Melinophagi 麦林诺法基,色尔木德苏斯附近色雷斯部族。

Menon 梅浓,帖萨利将官。

Mespila 梅司皮拉,底格里斯河畔城市废墟,古尼那维。

Methydrian 麦提德利安人,阿卡狄亚城镇麦提德利居民。

Metropolis 麦特罗波里斯,麦叙诺基亚首城。

Micres 弥克瑞斯,阿卡狄人,队长。

Midas 弥达斯,神话中弗里吉亚王。

Milesian 米里图人。

Miletus　米里图，爱奥尼亚城市。

Miltocythes　弥尔托西特，色雷斯骑兵指挥官。

Mithradates　弥特拉达特，居鲁士波斯友人。

Mossynoccians　麦叙诺基亚，攸克星海上赛拉苏斯附近波斯部族。

Myriandus　米利安都斯，叙利亚城市。

Mysia　米西亚，西北小亚细亚省区。

Mysian　米西亚人。

Nausicleides　瑙西克雷德斯，拉西第蒙人，为提布戎服役。

Neon　涅昂，阿西那将官。

Neonteichos　涅昂提科斯，普罗滂提斯堡垒。

Nicander，Laconian　拉孔尼亚人尼坎德。

Nicarchus　尼卡尔胡斯：(1)阿卡狄人；(2)阿卡狄队长。

Nicomachus　尼科马库斯，奥塔人，轻兵指挥。

Odrysians　奥德里西人，色雷斯部族。

Odysseus(＝Ulysses or Ulyssus)　俄底修斯，荷马《奥德赛》主人公。

Oetaean　奥塔人，帖萨利奥塔山周围地区居民。

Olympia　奥林匹亚，伊利斯宙斯神宇，奥林匹亚竞技会举行的地方。

Olynthian(Olynthus)　奥林修斯人，刻尔西地半岛奥林修斯城居民。

Ophrynium　奥弗律尼，特罗阿德城市。

Opis　奥匹斯，亚述斐司库斯河畔城市。

Orchomenian(-menus)　奥尔科美努斯人，阿卡狄亚城市奥尔科美努斯居民。

Orontas　奥戎塔斯：(1)波斯王族，为居鲁士处死；(2)亚美尼亚总督，阿尔塔泽西斯女婿。

Paphlagonia　帕弗拉戈尼亚，北部小亚细亚省区。

Paphlagonian　帕弗拉戈尼亚人。

Parian　帕洛斯的。

Parium　帕柔姆，普罗滂提斯亚细亚海岸城市。

Parrhasian　帕拉西亚人，阿卡狄亚帕拉西亚地区居民(泽尼亚斯，卡利马库斯，阿瑞克雄)。

Parthenium　帕尔提纽姆，米西亚城镇。

Parthenius　帕尔提纽斯，北部小亚细亚河流。

Parysatis　帕莉萨蒂斯，大流士二世王后，阿尔塔泽西斯及居鲁士之母。

Pasion　帕西昂，麦加拉将官。

Pategyas　帕提基亚斯，居鲁士帐下波斯人。

Peloponnesian　伯罗奔尼撒人。

Peloponnesus　伯罗奔尼撒，希腊南部半岛。

Peltae　佩尔太，弗里吉亚城市。

Pergamus　波尔加姆斯，米西亚城市。

Perinthians　佩林图斯人。

Perinthus　佩林图斯，普罗滂提斯欧洲海岸城市。

Persian　波斯人，波斯湾北岸地带波斯居民，但时常用来指波斯王的任何属民。

Phalinus　法利努斯，希腊战术教练，为蒂萨弗尼斯服役。

Pharnabazus　法尔那巴组斯，小弗里吉亚及比太尼亚总督。

Phasians　法西亚人：(1)亚美尼亚法西亚部族；(2)科尔刻斯法西亚部族。

Phasis River　法细斯河：(1)亚美尼亚河流；(2)科尔刻斯河流。

Philesius　斐利修斯，阿加亚将官。

Phliasian　弗利亚斯人，伯罗奔尼撒城市弗利亚斯居民。

Phocaean　佛开亚人，爱奥尼亚城市佛开亚居民

Phoenicia　腓尼基，地中海东岸地带。

Phoenician　腓尼基人。

Pholoe　福洛，阿卡狄亚及伊利斯之间的山。

Phrasias　福拉西亚斯，雅典队长。

Phrygia　弗里吉亚：(1)大弗里吉亚为中部小亚细亚省区；(2)小弗里吉亚为西北部小亚细亚省区。

Phrygians　弗里吉亚人，弗里吉亚居民。

Phryniscus　弗里尼库斯，阿加亚将官。

Physcus　斐司库斯，亚述河流，底格里斯河支流。

Pigres　庇格瑞斯，居鲁士译官。

Pisidians　庇西狄亚人，南部小亚细亚省区庇西狄亚居民。

Pleisthenes，Amphipolitap　安菲波利人普雷提尼斯。

Polus　波卢斯，拉西第蒙舰队长官。

Polycrates　波利克拉底，雅典队长。

Polynicus　波利尼库斯，拉西第蒙人，为提布戎服役。

Polystratus　波利司特拉图斯，雅典人。

Pontus　本都斯：(1)攸克星海或黑海；(2)攸克星海东南沿岸地区。

Procles　普罗克利斯，透忒拉尼亚长官。

Proxenus　普罗克西努斯，彼奥提亚将官。

Psarus　普萨鲁斯，西里西亚河流。

Pylae　皮莱，巴比伦前沿堡垒。

Pyramus　皮拉木斯，东部小亚细亚河流。

Pyrrhias　皮希亚斯，阿加狄队长。

Pythagoras　毕达哥拉斯，拉西第蒙舰队长官。

Rhathines　剌提涅斯，法尔那巴组斯手下军官。

Rhodians　罗德斯人，小亚细亚西南岸外海岛罗德斯居民。

Sacred Mount　圣山，在普罗滂提斯北岸。

Salmydessus　萨尔木德苏斯，攸克星海西岸城市。

Samian　萨摩斯人，小亚细亚西方海岛萨摩斯居民。

Samolas　萨莫拉斯，阿加亚队长。

Sardis　萨尔迪斯，吕底亚首城。

Scillus　西卢斯，伊利斯城镇，奥林匹亚附近。

Scythinians　叙特尼亚人，攸克星海东南岸附近部族。

Selinus　赛里努斯：(1)以弗所溪流；(2)西卢斯溪流。

Selymbria　栖卢勃里亚，普罗滂提斯欧洲海岸城市。

Seuthes　赛特斯，奥德里西王子。

Sicyonian　司孔尼亚人，伯罗奔尼撒地带司孔居民。

Silanus　西拉努斯：(1)安布拉喜阿预卜官；(2)马西司提号手。

Sinope　西诺波，攸克星海上帕弗拉戈尼亚希腊城市。

Sinopeans　西诺波人。

Sitalcas　西塔尔卡斯，色雷斯战歌。

Sittace　西塔斯，巴比伦城市，在底格里斯河畔。

Socrates　苏格拉底：(1)雅典哲学家；(2)阿加亚将官。

Soli　索利，西里西亚城市。

Sophaenetus　索菲涅图斯，司腾法利将官。

Sosis　索西斯，叙拉古将官。

Soteridas　索特里达斯，司孔尼亚人。

Sparta　斯巴达，拉西第蒙首城。

Spartan　斯巴达人。

Spithridates　司庇特里达忒斯，法尔那巴组斯手下军官。

Stratocles　司特拉托克里斯，克里特弓箭手指挥官。

Stymphalian　司腾法利人，阿卡狄亚城市司腾法利居民。

(索菲涅图斯，阿加西亚，埃涅阿)

Susa　苏萨，波斯帝国首城。

Syennesis　叙涅西斯，西里西亚王。

Syracusan　叙拉古人，西西里希腊城市叙拉古居民。

Syria　叙利亚，米索波塔米亚、阿拉伯及腓尼基之间地带。

Syrian　叙利亚人。

Tamos　塔摩斯，埃及人，居鲁士的舰队长官。

Taochians　陶基亚人，攸克星海东南岸附近部族。

Tarsus　塔尔苏斯，西里西亚首城。

Teleboas　太里勃阿斯，亚美尼亚河流，幼发拉底斯河支流。

Temnian　腾努斯人，埃奥利斯城市腾努斯居民。

Tercs　提尔克斯：(1) 赛特斯祖先；(2)奥德里西人。

Teuthrania　透忒拉尼亚，米西亚城市。

Thapsacenes　塔波萨西涅斯。

Thapsacus　塔波萨库斯，叙利亚城市，在幼发拉底斯河畔。

Tharypas　塔里帕斯，梅浓宠客。

Theban　底比斯人，彼奥提亚王城底比斯居民(普罗克西努斯，科拉塔达斯)。

Thebe　提勃，米西亚城镇。

Theches　底刻斯，希军第一次由此见到攸克星海的山。

Theogenes　条戈涅斯，罗克利斯人队长。

Theopompus　条波普斯，雅典人。

Thermodon(Thermon)　德尔蒙，北部小亚细亚河流。

Thessalian　塞萨利人(阿里司提浦斯，梅浓，勃依司库斯)。

Thessaly　塞萨利，希腊最北方的地带。

Thibron　提布戎，对波斯作战中拉西第蒙人指挥官。

Thorax，Bocotian　彼奥提亚人托拉克斯。

Thrace　色雷斯：(1)在欧洲，巴尔干半岛东南部；(2)在亚洲，这一地带亦称比太尼亚。

Thracian　色雷斯人(弥尔托西特，赛特斯)。

Thurian　条立亚人，意大利希腊城市条立居民。

Thracian Square　色雷斯广场，在拜占庭。

Thymbrium　太摩布琉，弗里吉亚城市。

Thynians　蒂尼亚人，色雷斯部族。

Tibarenians　提巴壬尼亚人，攸克星海东南岸部族。

Tigris　底格里斯河，米索波塔米亚河流。

Timasion　提马宋，达达尼亚将官。

Timesitheus　提梅西透斯，特拉佩组斯人。

Tiribazus　提里巴组斯，西亚美尼亚长官。

Tissaphernes　蒂萨弗尼斯，波斯将官任爱奥尼亚总督。

Tolmides　托尔米德，伊利斯人，传令官。

Trailes　特莱勒斯，卡里亚城市。

Tranipsae　特兰尼波赛，色雷斯部族。

Trapezuntians　特拉佩组斯人。

Trapezus　特拉佩组斯，攸克星海东南岸希腊城市，西诺波殖民地。

Troad　特罗阿德，西北小亚细亚地

区名。

Tyriacum　蒂里亚枯，弗里吉亚城市。

Xanthicles　赞提克里斯，阿加亚将官。

Xenias　泽尼亚斯，帕拉西亚人将官。

Xenophon　色诺芬，雅典人将官，《长征记》作者。

Xerxes　泽尔士，波斯王。

Zapatas　扎帕塔斯，亚述河流，底格里斯河支流。

Zelarchus　泽拉尔库斯，市场管理员。

Zeus　(1)宙斯主神；(2)宙斯救主；(3)宙斯王；(4)宙斯异乡人之神；(5)宙斯慈悲之神。

图书在版编目(CIP)数据

长征记/(古希腊)色诺芬著;崔金戎译.—北京:商务印书馆,2017

(汉译世界学术名著丛书:120年纪念版:珍藏本)

ISBN 978-7-100-14219-9

Ⅰ.①长… Ⅱ.①色… ②崔… Ⅲ.①古希腊—历史 Ⅳ.①K125

中国版本图书馆CIP数据核字(2017)第137916号

汉译世界学术名著丛书

(120年纪念版·珍藏本)

长 征 记

〔古希腊〕色诺芬 著

崔金戎 译

商 务 印 书 馆 出 版

(北京王府井大街36号 邮政编码100710)

商 务 印 书 馆 发 行

北京中科印刷有限公司印刷

ISBN 978-7-100-14219-9

2017年12月第1版　　开本710×1000 1/16

2017年12月北京第1次印刷　　印张15½

定价:75.00元